The Guardian

KILLER SUDOKU 1

Published in 2021 by Welbeck
an imprint of Welbeck Non-Fiction,
part of Welbeck Publishing Group
20 Mortimer Street
London W1T 3JW

Puzzles © 2021 H Bauer Publishing
Design © 2021 Welbeck Non-Fiction,
part of Welbeck Publishing Group

Editorial: Chris Mitchell
Design: Eliana Holder

A CIP catalogue for this book is available from the
British Library.

ISBN: 978-1-78739-693-7

Printed in the United Kingdom

10 9 8 7 6 5 4 3 2 1

The Guardian

KILLER SUDOKU 1

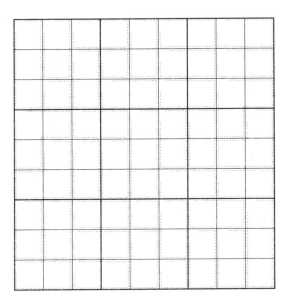

A collection of more than **200**
challenging puzzles

WELBECK

About The Guardian

The Guardian has published honest and fearless journalism, free from commercial or political interference, since it was founded in 1821.

It now publishes a huge variety of puzzles every day, both online and in print, covering many different types of crosswords, sudoku, general knowledge quizzes and more.

Introduction

Welcome to the first book in *The Guardian*'s brand-new puzzle series. The killer sudoku puzzle is an incredibly popular variant on the sudoku, with an added mathematical element. It is not for the faint-hearted, and in this book *The Guardian* provides 210 never-before-seen killer sudoku puzzles for you to relish.

Each puzzle will require a certain amount of logical rigour to solve them, but these have been designed to become progressively harder as you work your way through the book. The final fifteen, in particular, are extremely difficult. It is recommended that you train yourself up on the earlier puzzles before attempting those.

Above all, though, please enjoy this book! The world is full of challenges, but we hope that *these* challenges will provide a delightful diversion for you.

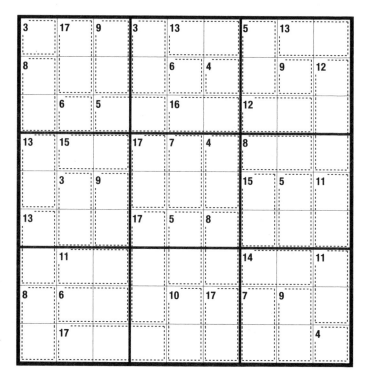

Solution see page 219

2

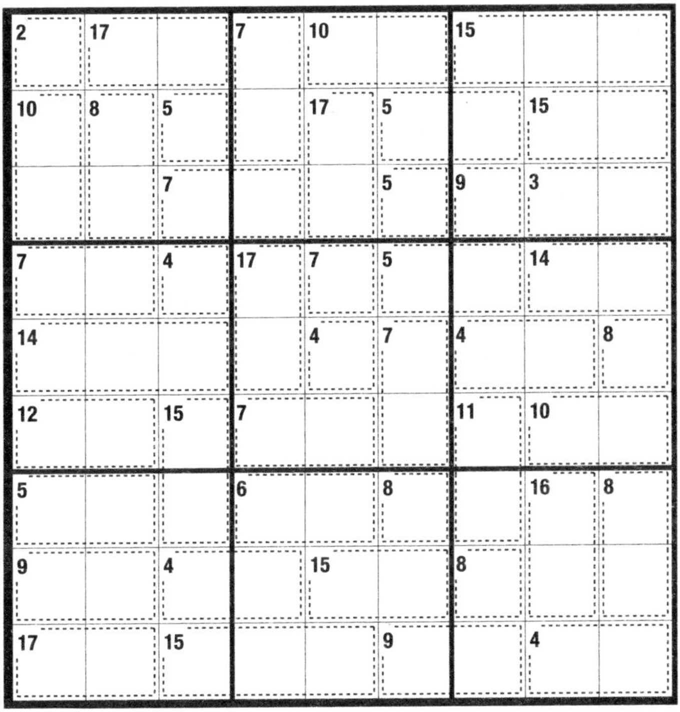

Solution see page 219

4	9		16	3	18	15	8	
4		5					12	
8	6	14		3		7	3	
6		4		16		5	15	15
13	14	9	2	12	4			
			6		7		7	
3		4	11	12	17		7	6
12		13			3	10		
13			10			5		9

Solution see page 219

7	9	6	8	10	6		6	
7		11	3		9	18		
5				11		16		3
17		7	10	3		5	7	
5	4			9	8	15		
10		11	12		4		8	16
3			13		8	11	5	
15			9	5				11
14		7			7	9	2	

Solution see page 220

11	11		4	4		8	12	7
	7	12		16				3
1		17		12	6	4	6	
13	18	6			7	3		14
		2	4	9	13		6	
8		5		7	11			9
	10		14		11		13	4
12	3			16				8
	6	16		7		9		

Solution see page 220

8		12		17			1	7
7	3	17		5	5	15	7	
6		9	10				13	
9		1	5		16		8	7
17	6	12	9	8		6		
	7			7		5	12	
4	17		3		8	9		9
3		15				8	7	7
	3	13		18			4	

Solution see page 220

8	7	6	8		4	6	11	
10			19	7	3	13	10	5
14				17				
3		7			11		6	13
9		5		5	16		3	
9	5	8	5		10			13
13	8	9	10	7		7	9	
	6	9		7	5	3		12
			7		9		8	

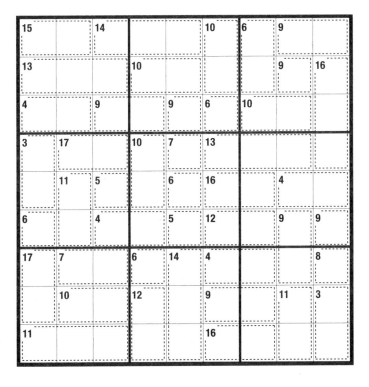

Solution see page 221

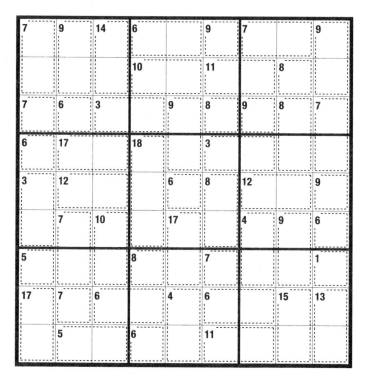

Solution see page 221

10

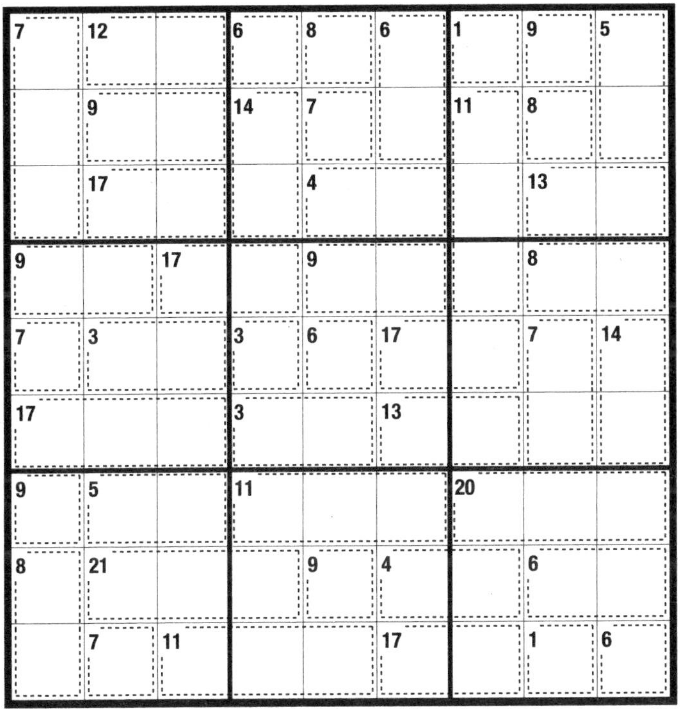

Solution see page 222

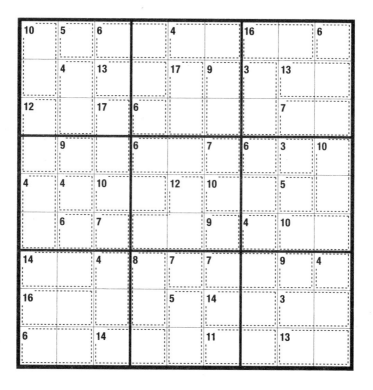

Solution see page 222

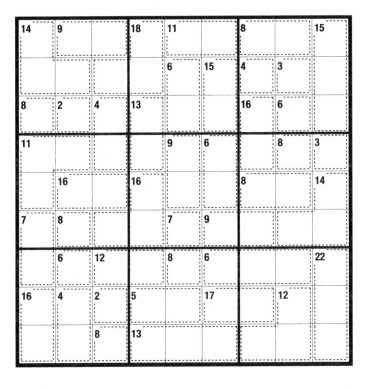

Solution see page 222

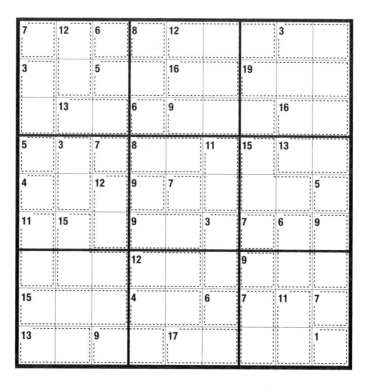

Solution see page 223

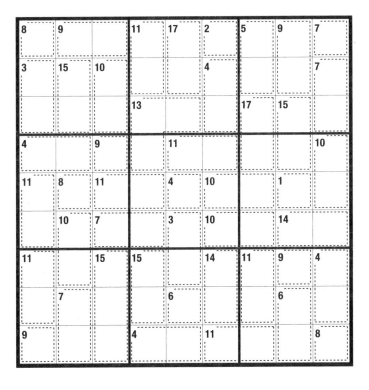

Solution see page 223

5	15	15	6	5	7	7		8
				17	4	4	9	
13	3	10				13	9	7
		3	9	7				10
11		9	8	7	5	5		
	12	7	3	6		17		9
16			6	5	11		6	
	3	7			17	4	13	
4	8		7	6			7	

Solution see page 224

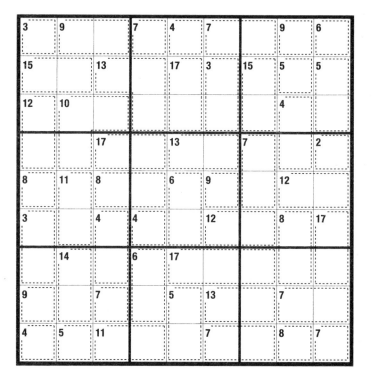

Solution see page 224

Solution see page 224

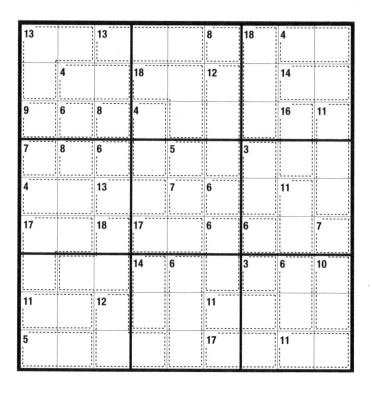

Solution see page 225

Solution see page 225

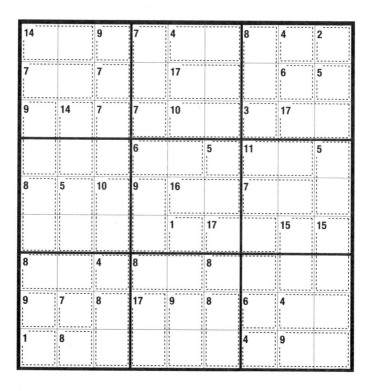

Solution see page 225

Solution see page 226

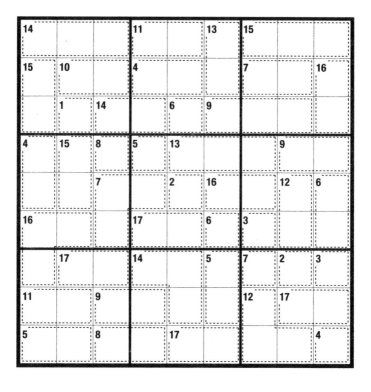

Solution see page 226

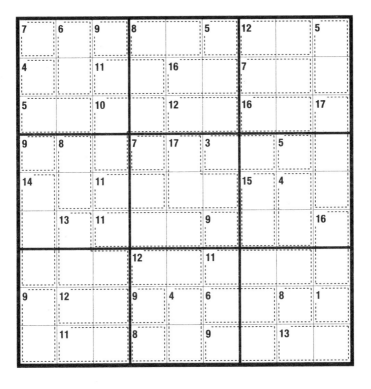

Solution see page 226

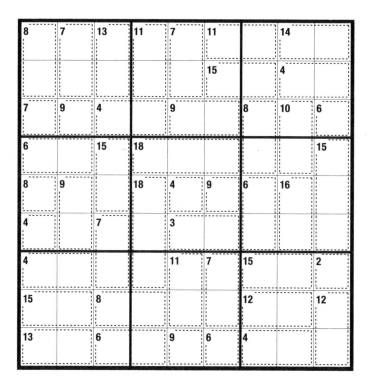

Solution see page 227

7	16		12	7		17		
	5			10		7	9	
8	6	8		11		8	14	3
13	8		10	13	9			
	3	8			14	16		12
14		16					8	
	9		11				10	9
	13	6	6		4			14
3		5		9	7	7		

Solution see page 227

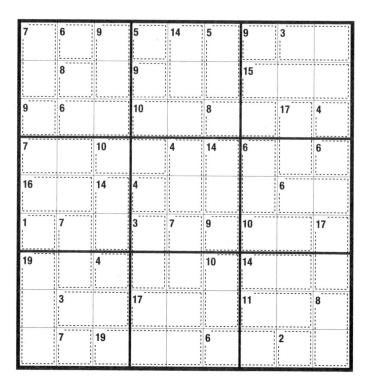

Solution see page 227

5		15			14		3	17
11	6	7	3	6		9		
	5	17		4	6		10	
9	2	5			7	17		11
	8	15		7		4	7	
12	6		17		4		6	
	10	3	4	13			9	6
12			13		9	15	9	4
	17			6				

Solution see page 228

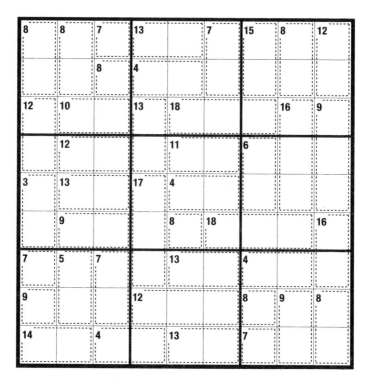

Solution see page 228

9	7	8	10			11	10	11
3		11		9	3			
3	10		17		18	12		4
10	14	7		4		15		
		6				9	3	15
10	4		21					
	12		13		3		7	6
12	14	3	3	16		9		9
			12			9	3	

Solution see page 229

32

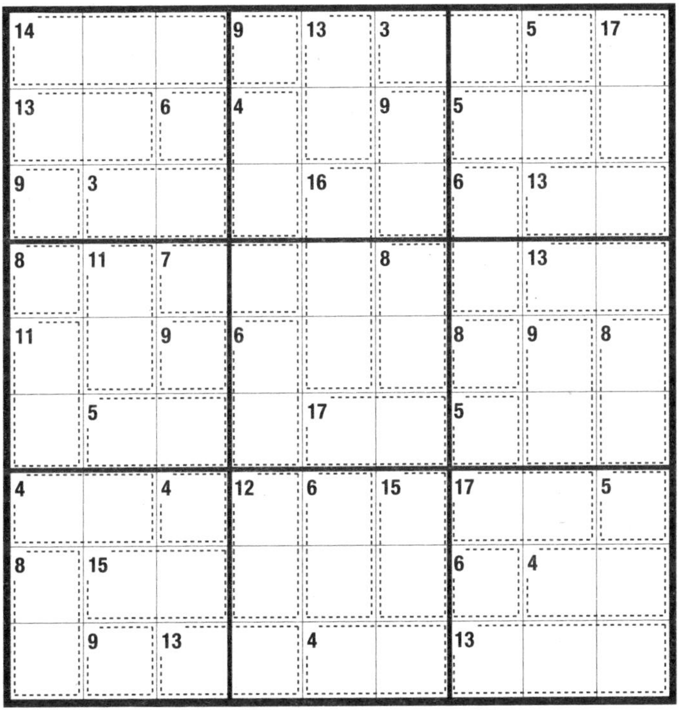

Solution see page 229

3		13		6	12		11	
7		6	10	3		17		12
12		9		9	8	3	6	
15		8	3		10		9	
13				16		8	5	
6	2	3	8		4	13	9	
4	5		12				16	
	13		8		7	8		8
14		16		3	9		3	

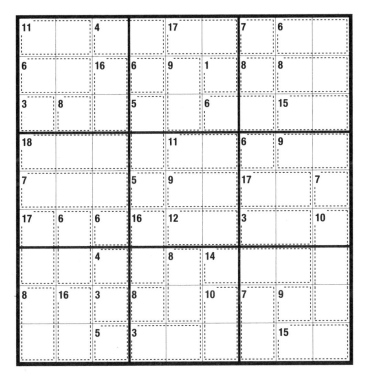

12	18		12	3	14	4		14
						13		
6		10	3	17	7	8	12	
12			7		3	7		
11		16		7		13	9	
11			6		5		10	
11		8	9	11	3	5	9	13
10	8				16		11	
	3	7		11				

9	13	7	5		9		10	
5		5	9		9	1	15	
	6		6	9	17			19
7	2	9			9	17		
10	4	13	15					
			17	13	3	7	6	4
10	9					11		
		3	6	16		8	3	5
15		5		9		6		9

Solution see page 231

8	6	7	10		8		9	9
5		6	16	3	11	9		
10		3				13	13	4
2	6		8	10				12
4	14			17	15	3		
10	8	14					4	5
		3		8		17		6
6	8		5		13		5	7
16		12		11		4		2

Solution see page 231

Solution see page 231

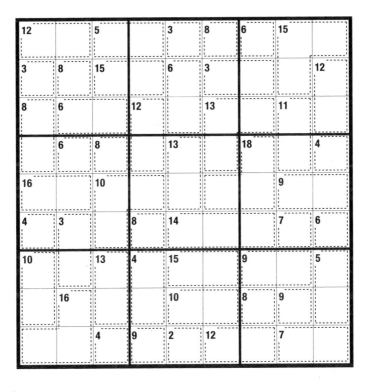

Solution see page 232

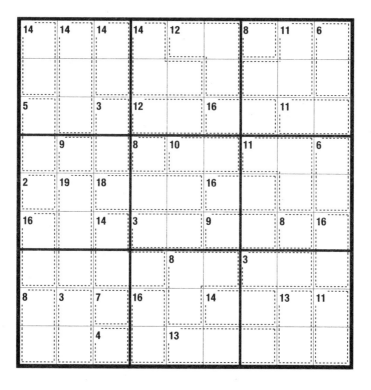

Solution see page 232

8		15		6	3		13	9
8	3		4	7	14			
13		12	8		9		9	
1	17		6	8	8		12	8
7			5	1	13			
10	11			9	7	5		8
		17	16	6	13		4	
11					9		8	9
	7	4		5	10		9	

Solution see page 232

Solution see page 233

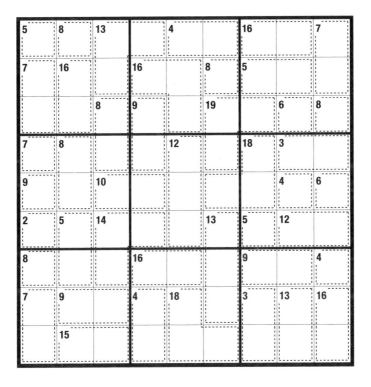

Solution see page 233

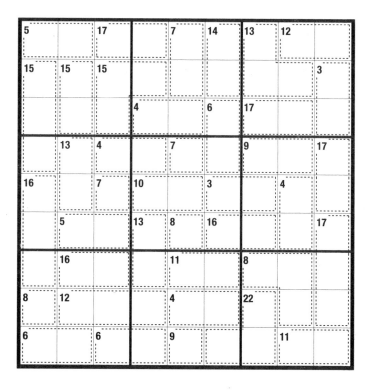

Solution see page 233

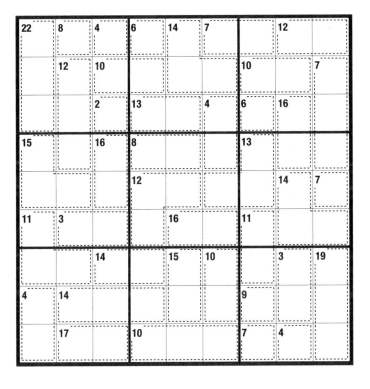

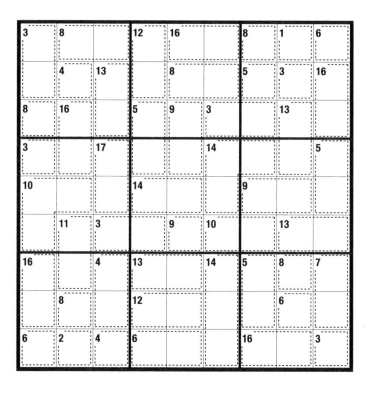

Solution see page 234

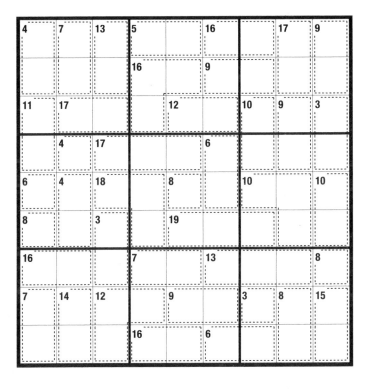

Solution see page 234

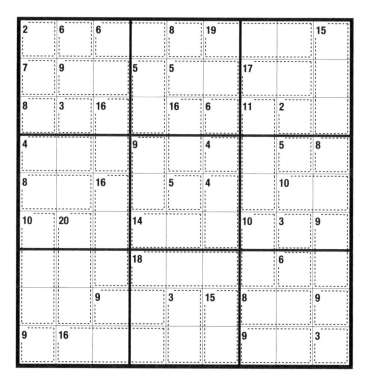

Solution see page 235

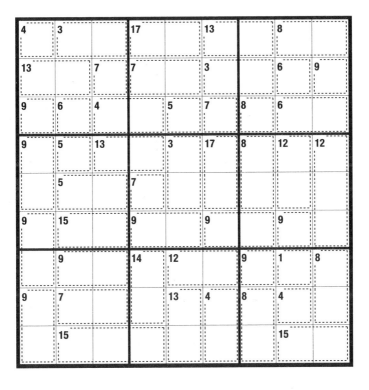

Solution see page 235

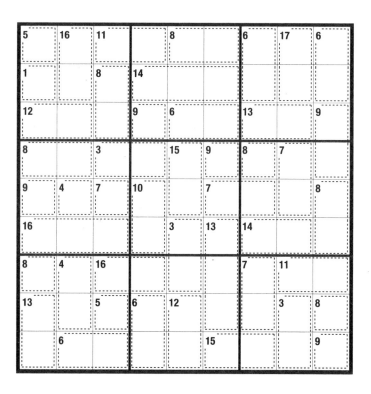

Solution see page 235

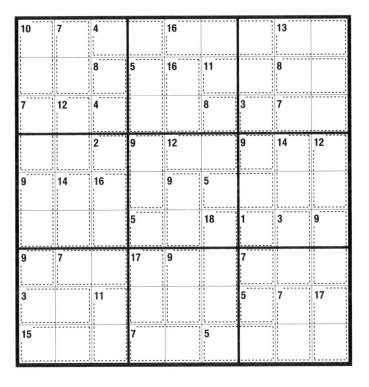

Solution see page 236

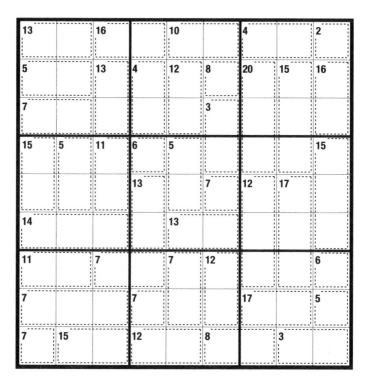

Solution see page 236

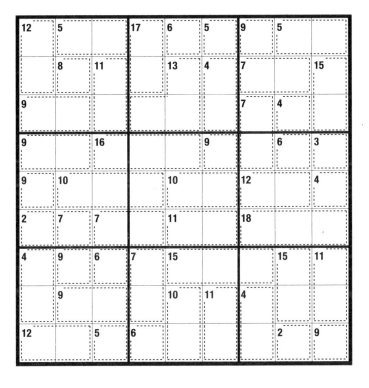

Solution see page 236

17	13	8	4	6	7	10		
			3	8	9	11		
	7		7	8	5	17		16
5		8				5	6	
16		8		14	13	3	9	
11		3	8			11	16	7
6		7		7				
10		14			14		5	5
9		16		2	5	6		

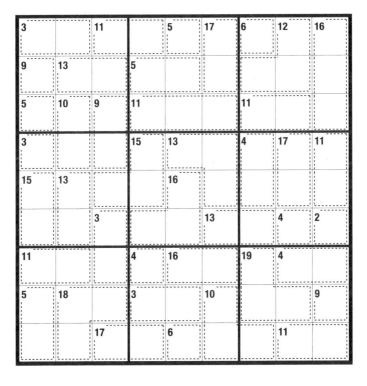

Solution see page 237

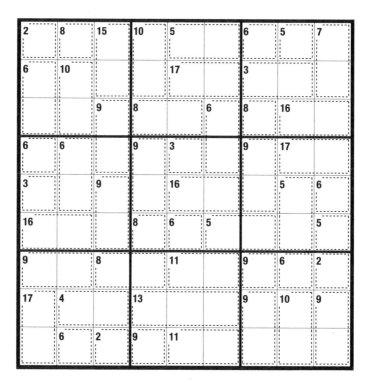

Solution see page 237

17		1	8	7	6	6		5
13		5		8	5	15	4	
9			17	15			15	
6	7				8	10		9
	12		12			8	3	
3	17			7	9	15		
4		16				6	17	11
6			7	3	17			
8	11		1	5		3	8	

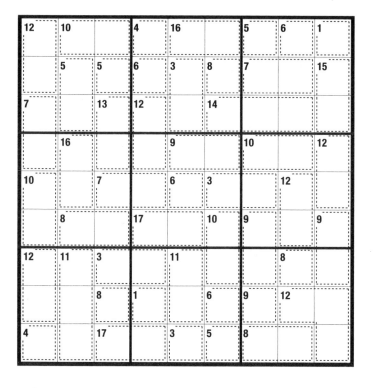

Solution see page 238

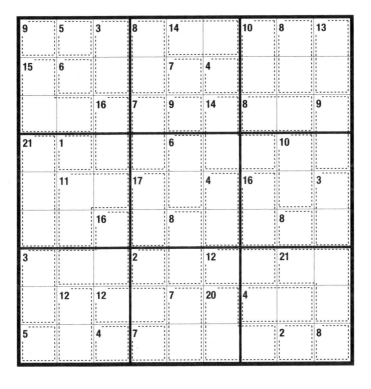

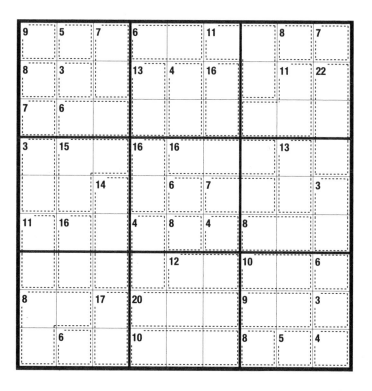

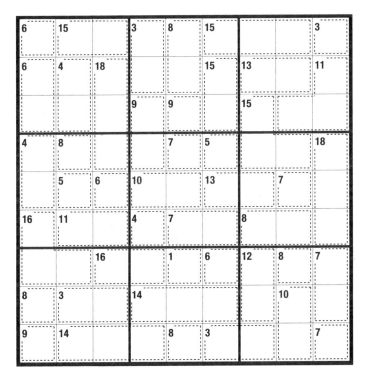

Solution see page 239

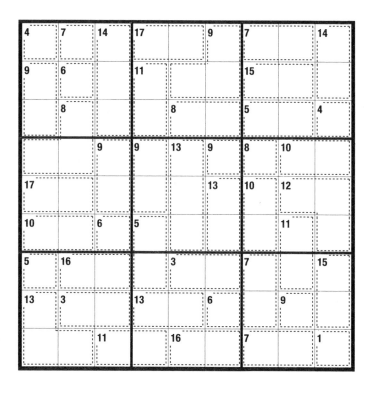

Solution see page 239

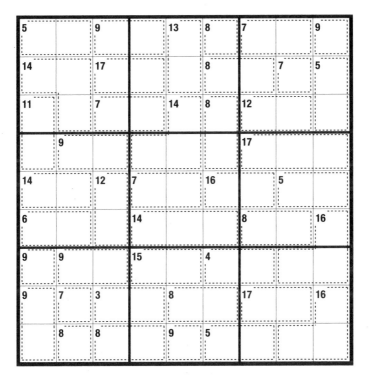

Solution see page 240

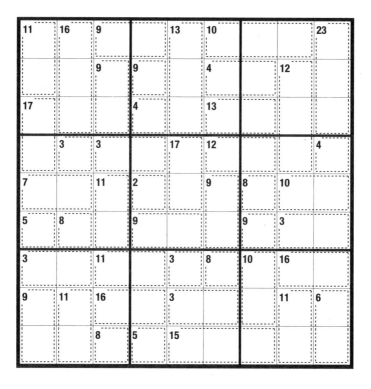

11	9	14			7	4		6
	11		8	5		9		17
5	13	15		9	6	9		
			9	11	3	17	6	5
5			14				4	
	17			10			7	6
7	4	4		11	17	5	9	
17	11		11			7		8
	3				19			

Solution see page 240

Solution see page 241

Solution see page 241

8		7		10	11		13	18
10	15	6	18		3	8		
			7	4		4		
4	14			7	10	17		
3		7				5	16	
21			3	14		5		2
19	3		9	15			6	7
	7	9	8	4	6	16		
		9		4			13	

Solution see page 241

Solution see page 242

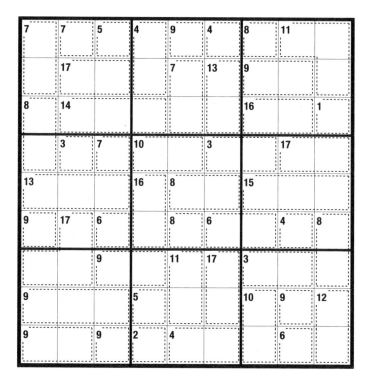

Solution see page 242

Solution see page 242

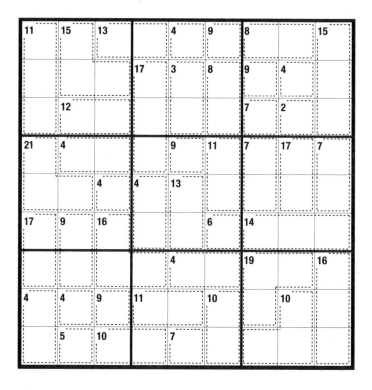

Solution see page 243

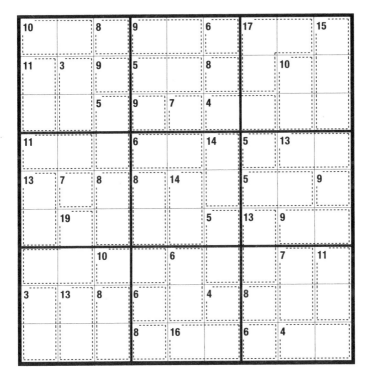

Solution see page 243

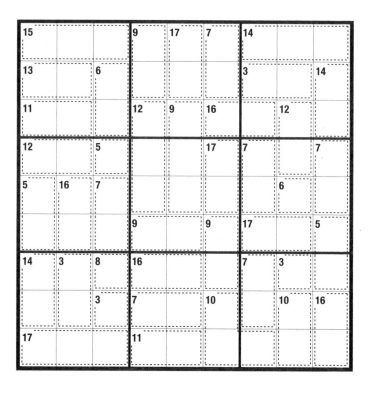

Solution see page 243

Solution see page 244

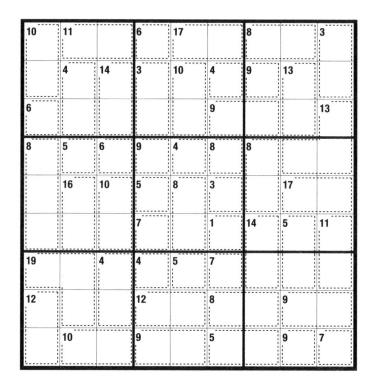

Solution see page 244

8	16		10	10	4		9	
7		4			14	5	15	15
10				15				
5	4	5			15	15	15	3
4		17						
16		14		3		10	6	3
15	8		9	2	7			8
	15			4		15		
3		19			16			7

Solution see page 244

16	10	7	17	11		11		
				11			9	
4		17	11	5	12		9	9
18					4			11
6		12	7	15	16		14	
						10		5
14	9	6	10	13			15	
	7			15	7	14		9
	9							

Solution see page 245

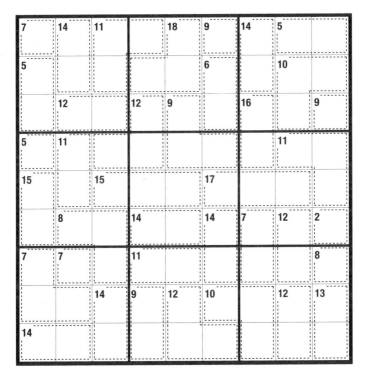

Solution see page 245

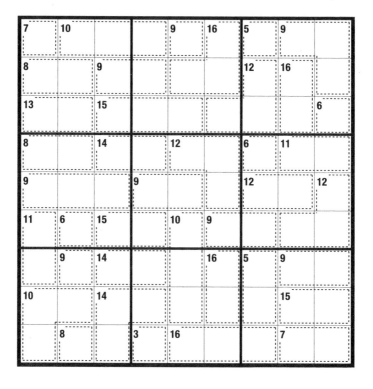

Solution see page 245

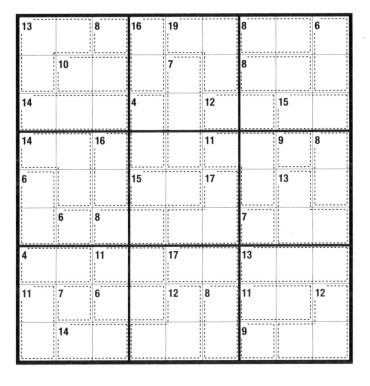

Solution see page 246

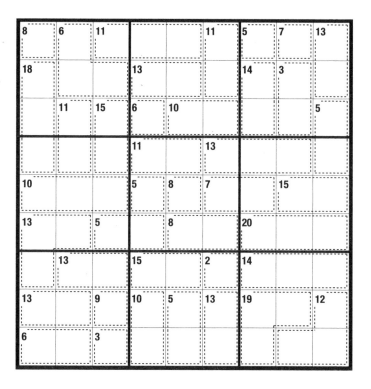

Solution see page 246

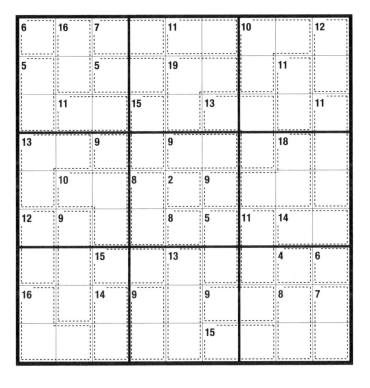

Solution see page 246

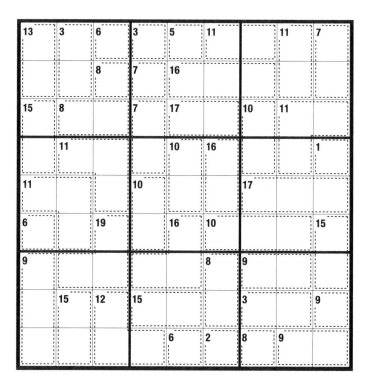

Solution see page 247

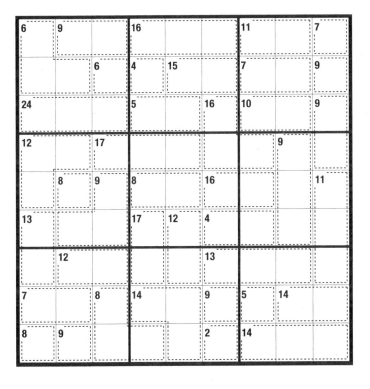

Solution see page 247

Solution see page 247

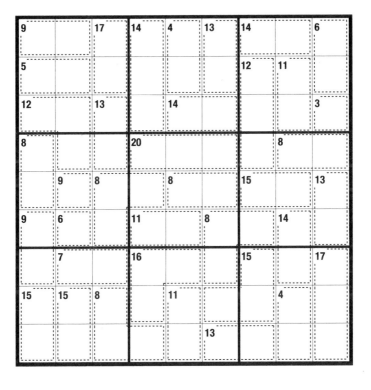

Solution see page 248

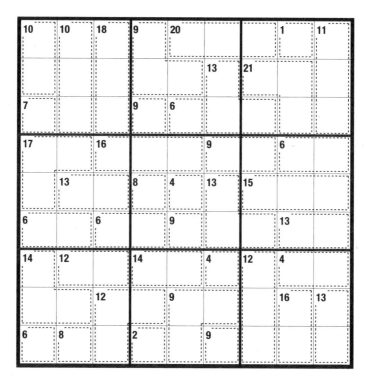

Solution see page 248

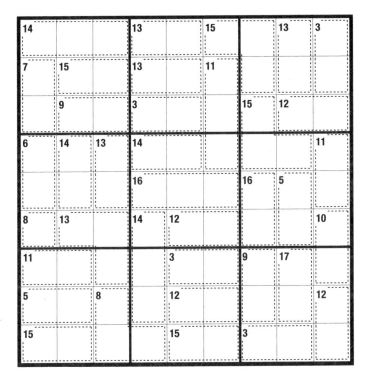

Solution see page 248

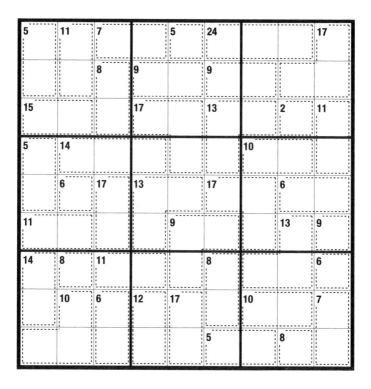

Solution see page 249

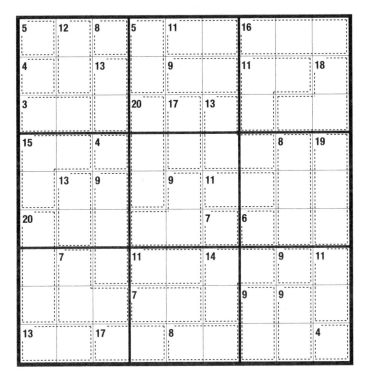

Solution see page 249

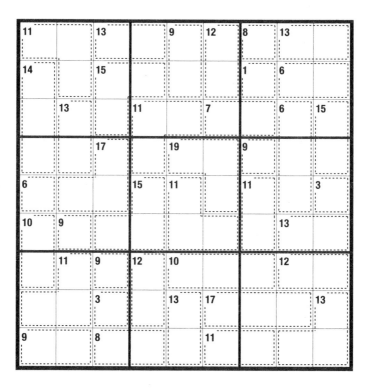

Solution see page 249

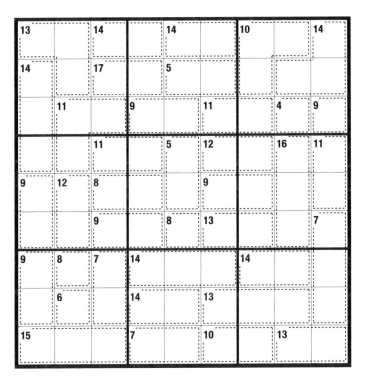

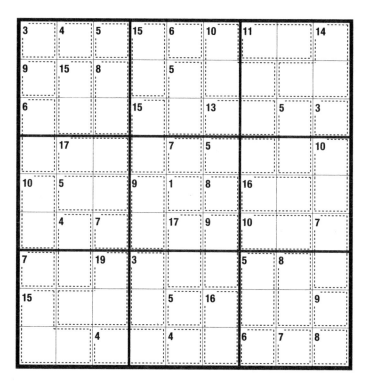

Solution see page 250

Solution see page 250

Solution see page 251

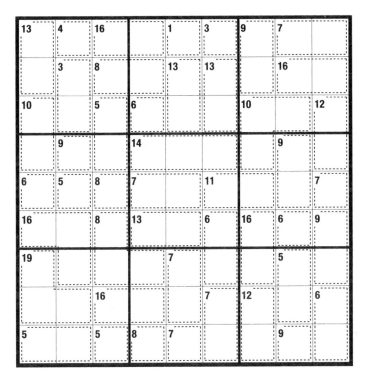

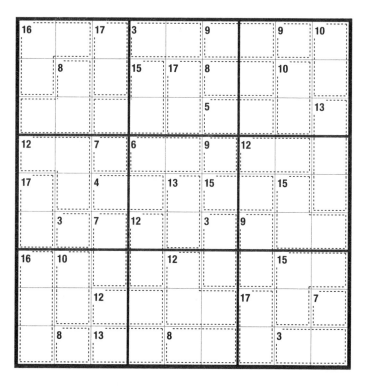

Solution see page 251

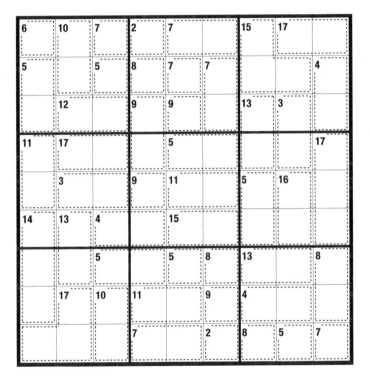

Solution see page 252

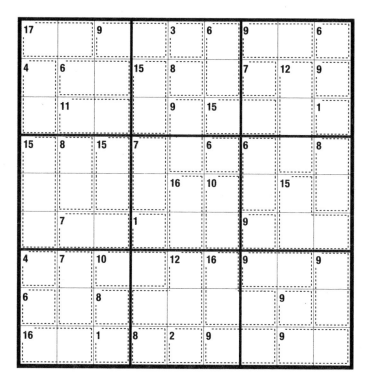

Solution see page 252

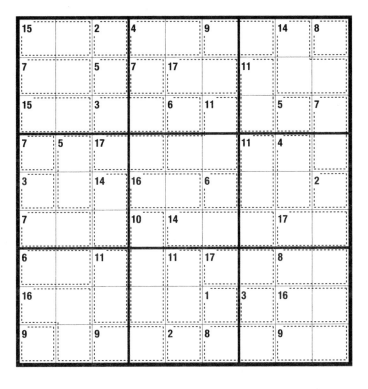

Solution see page 252

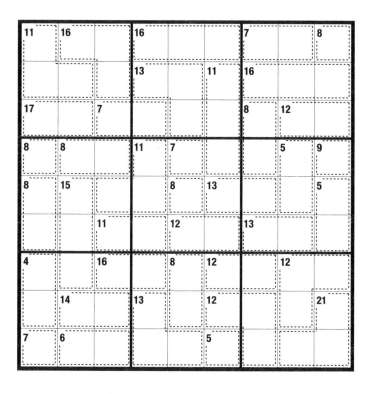

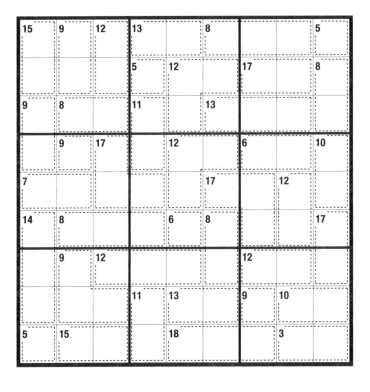

Solution see page 253

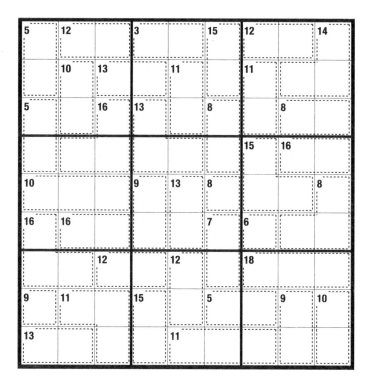

Solution see page 253

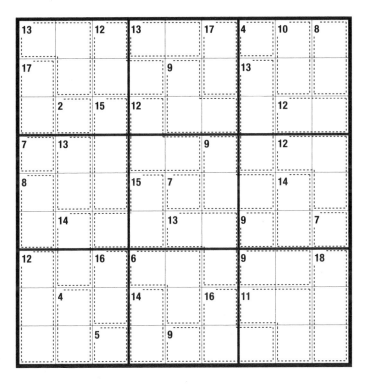

Solution see page 254

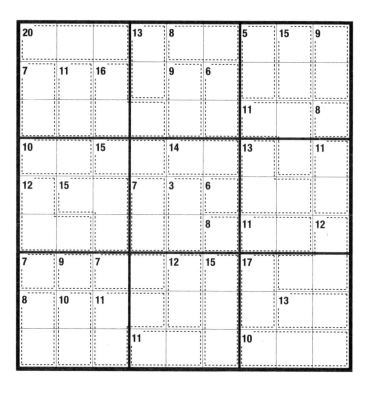

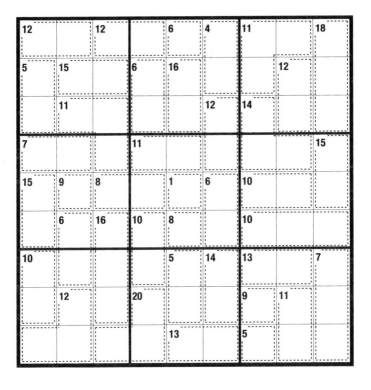

Solution see page 254

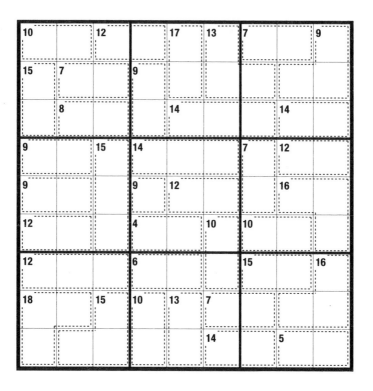

Solution see page 255

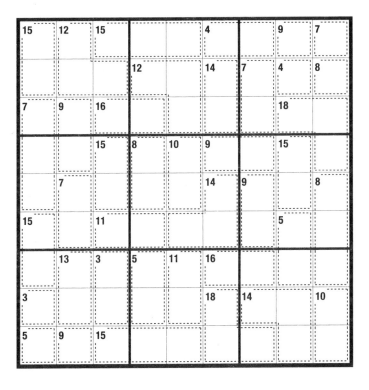

Solution see page 255

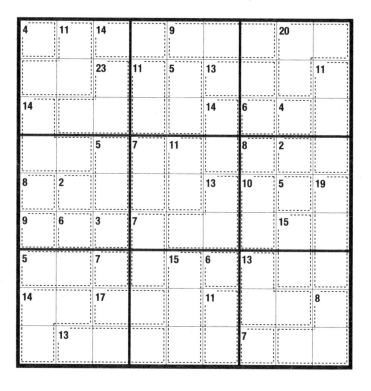

Solution see page 255

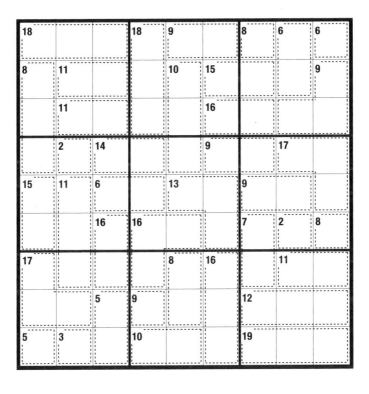

Solution see page 256

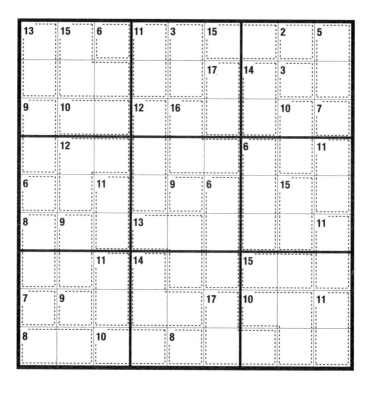

Solution see page 256

Solution see page 256

Puzzle grid:

4	14			15		4		8
10	10		4	12	4	8	16	9
	14	9	8					
		10		18	14		15	
18		7			6	12	10	
		11						
17	9	8		6	8	9		14
		3	9		5	13		
9			9		16			

Solution see page 257

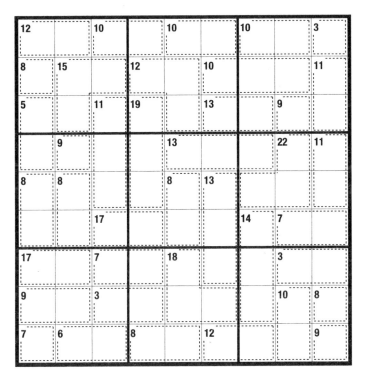

Solution see page 257

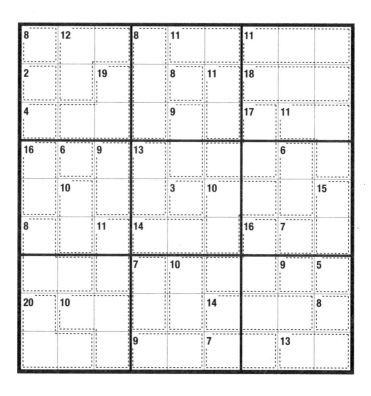

Solution see page 257

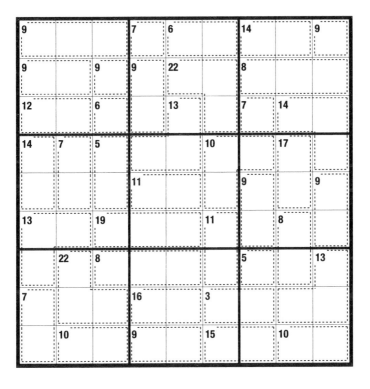

Solution see page 258

Solution see page 258

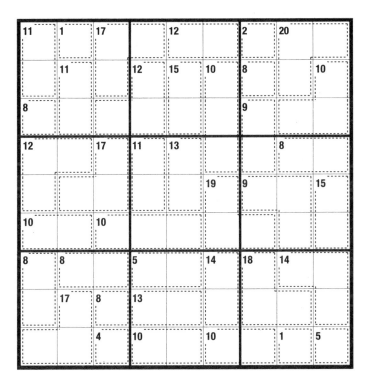

Solution see page 258

121

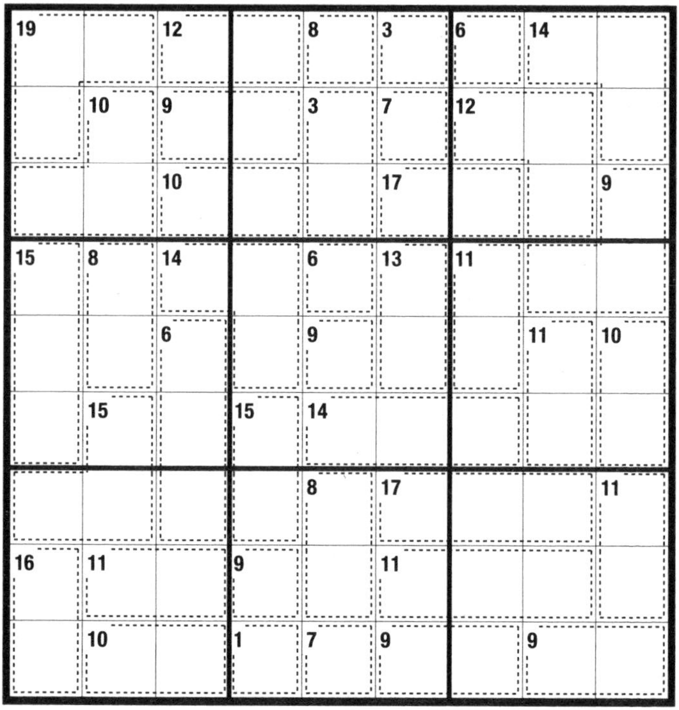

Solution see page 259

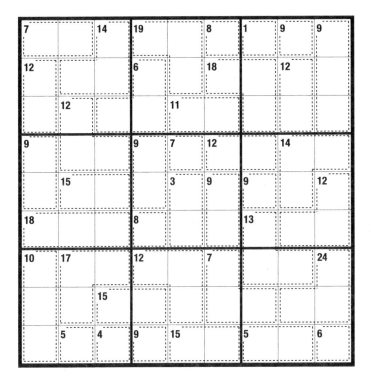

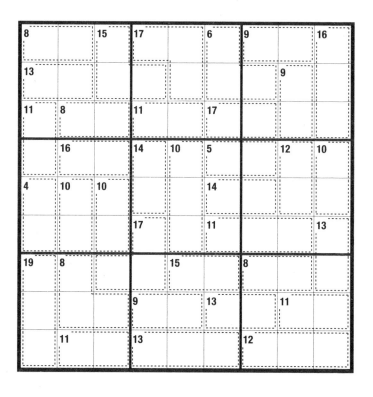

12	8	14		10	12	9	10	
	17	20					13	10
				11	5	9		
11		12	6			9		
				16	17		6	16
13			7					
17	11	6		5	11		11	
		3	18	9			10	13
8					10			

Solution see page 260

Solution see page 260

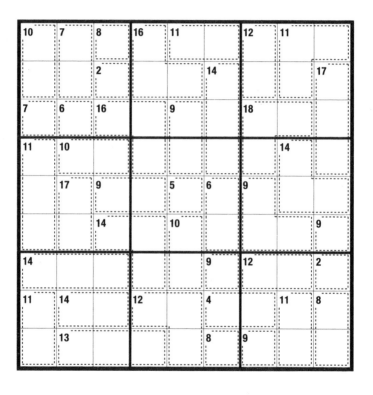

Solution see page 261

Solution see page 261

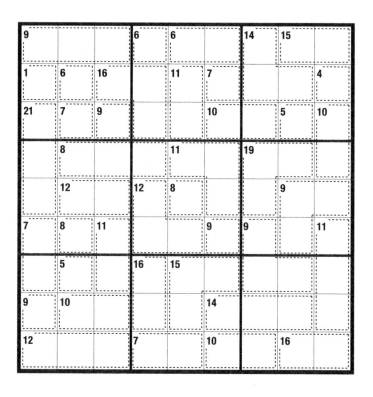

Solution see page 261

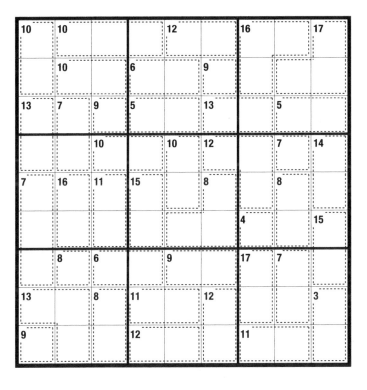

Solution see page 262

Solution see page 262

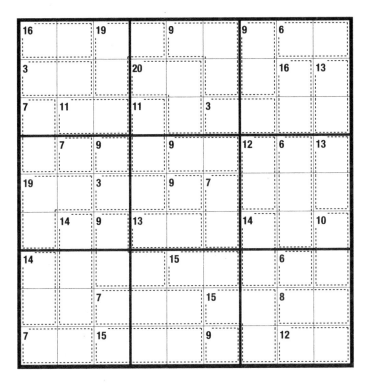

Solution see page 262

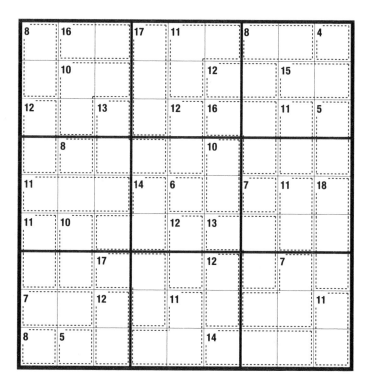

Solution see page 263

Solution see page 263

6	10		3	15	16			6
	6	11			17		10	17
9	8		8		6			
14		4	13	13	5		9	
	7				3		11	8
14	6	15	6		14			
			17		7	7		10
	9		6		12	3	6	
2	17					7	12	

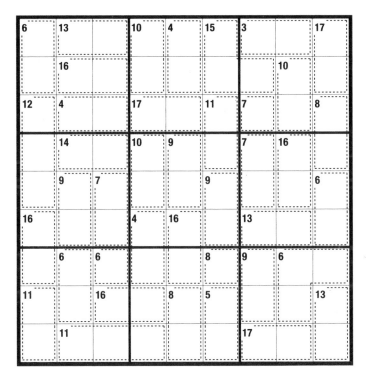

Solution see page 264

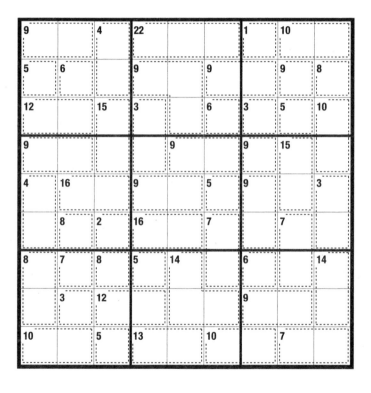

137

Solution see page 264

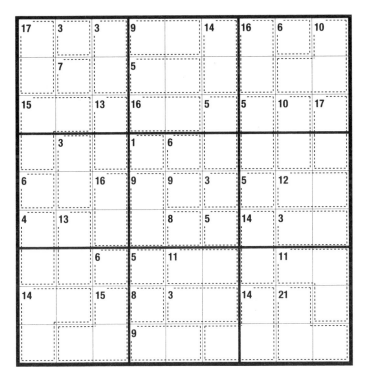

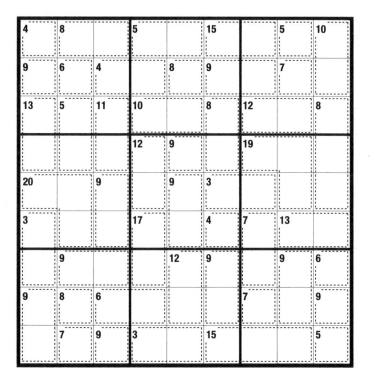

Solution see page 265

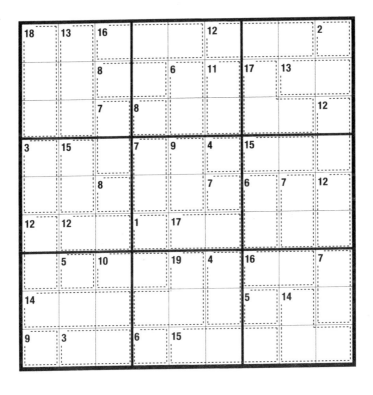

Solution see page 265

Solution see page 265

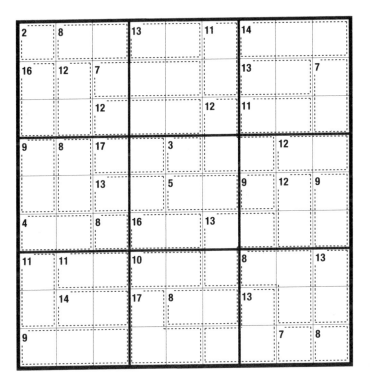

Solution see page 266

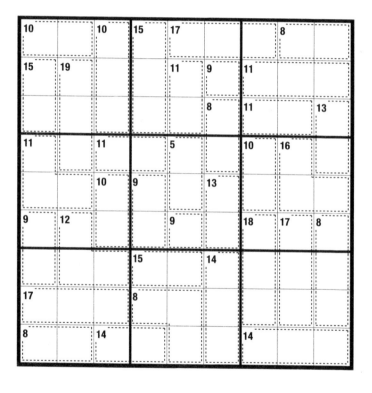

Solution see page 266

Solution see page 266

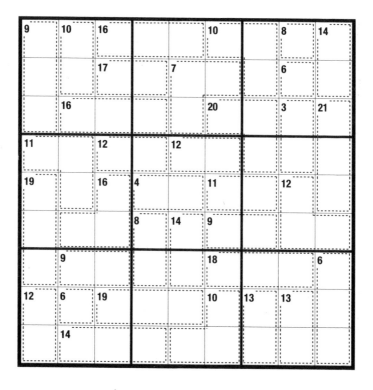

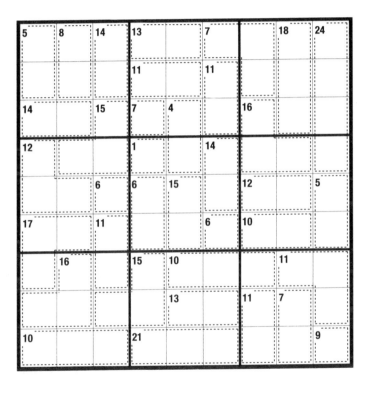

Solution see page 267

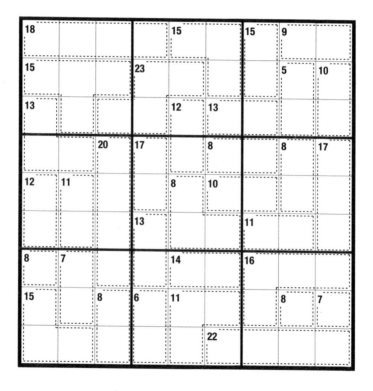

Solution see page 267

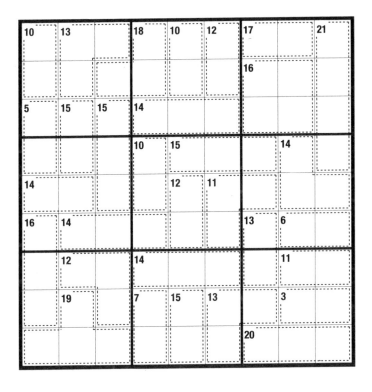

Solution see page 268

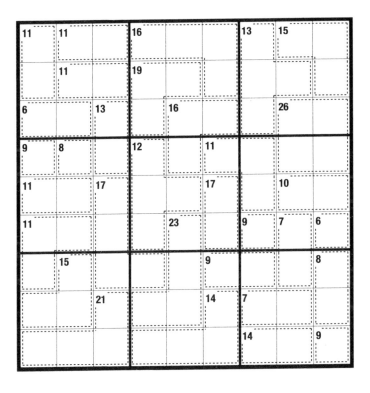

Solution see page 268

Solution see page 269

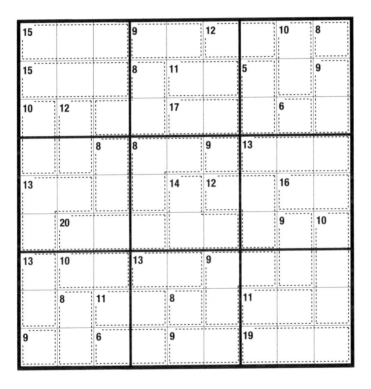

Solution see page 269

Solution see page 269

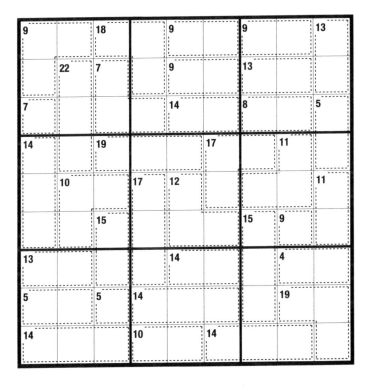

Solution see page 270

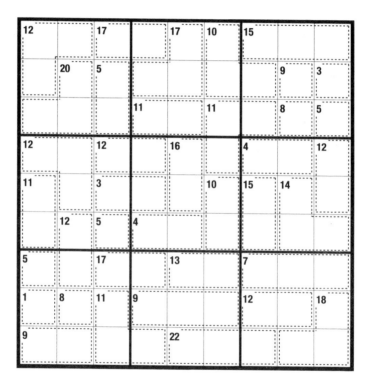

Solution see page 270

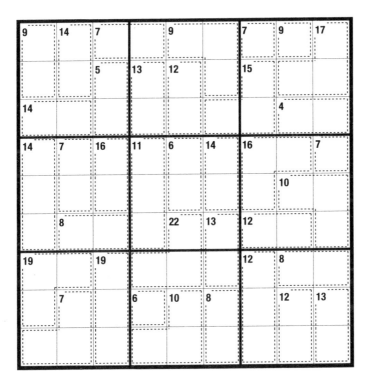

Solution see page 270

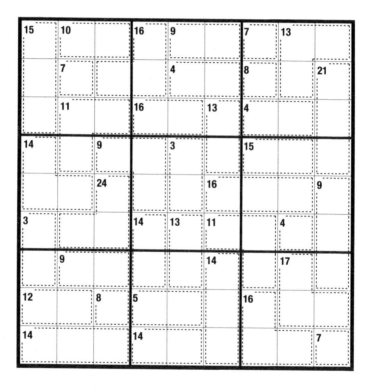

Solution see page 271

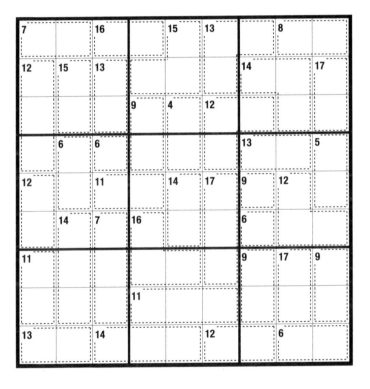

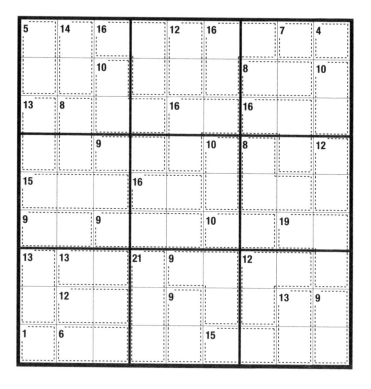

Solution see page 271

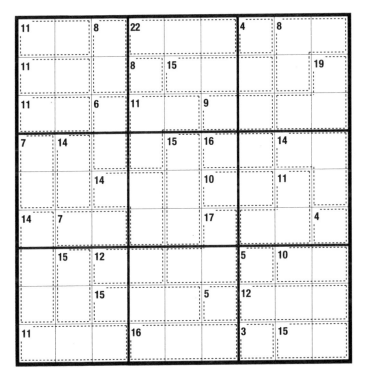

Solution see page 272

Solution see page 272

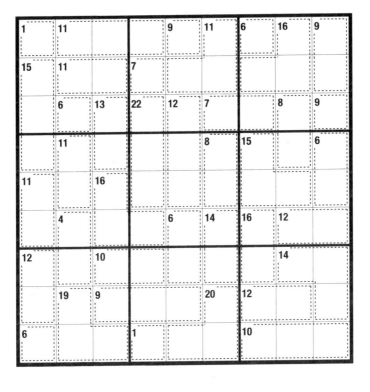

Solution see page 272

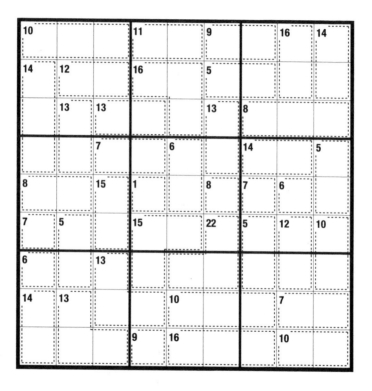

Solution see page 273

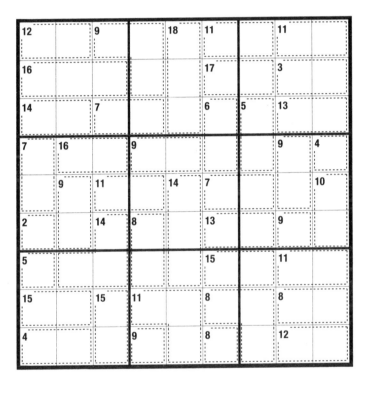

Solution see page 273

12		13	6	5		12	13	9
5			16		13			
6	9		13				13	9
17	5	11		8				
			18		13	8	13	
7	8	14						
		14	10	12		12		8
8			10		11	7		
	17	7		6		7		

Solution see page 273

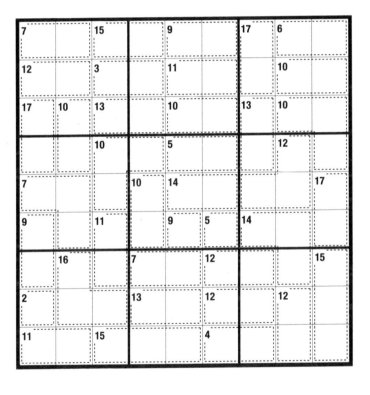

Solution see page 274

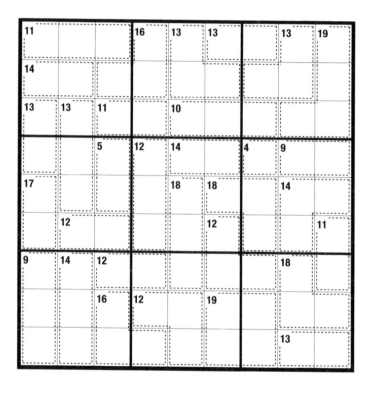

Solution see page 274

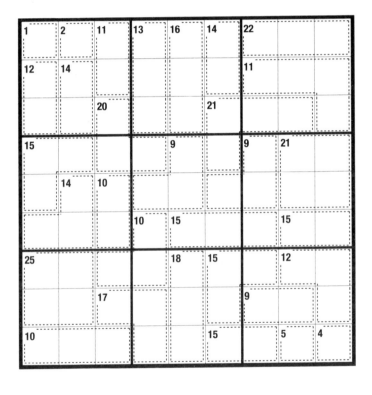

Solution see page 274

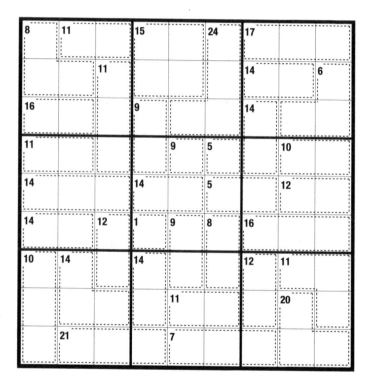

Solution see page 275

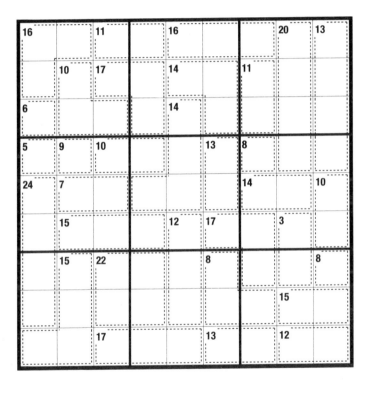

Solution see page 275

Solution see page 275

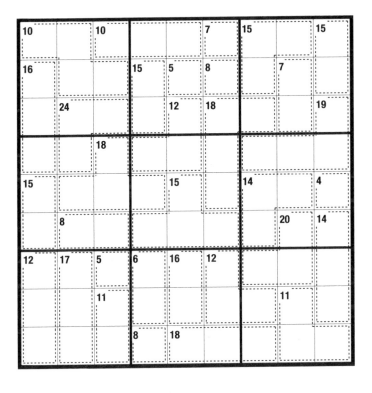

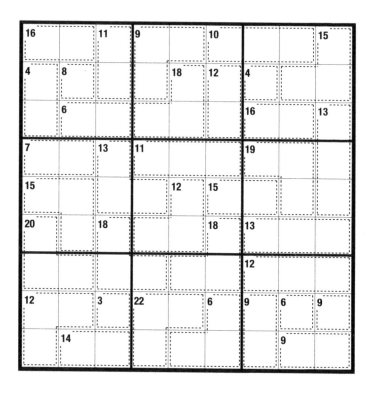

Solution see page 276

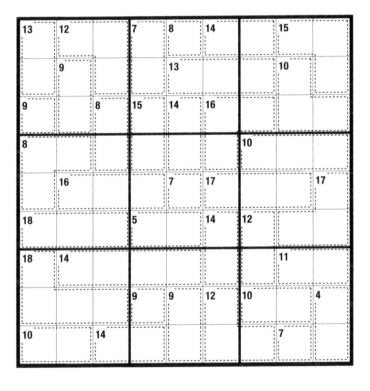

Solution see page 276

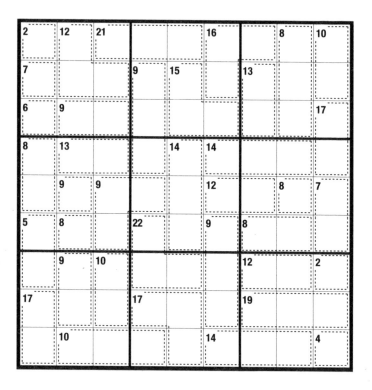

Solution see page 277

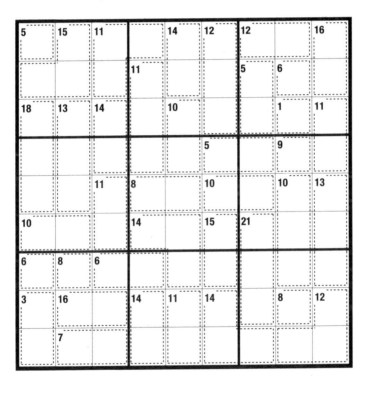

Solution see page 277

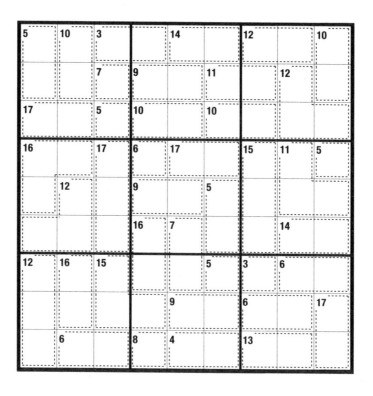

Solution see page 277

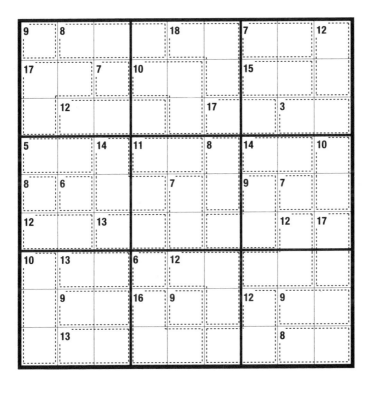

Solution see page 278

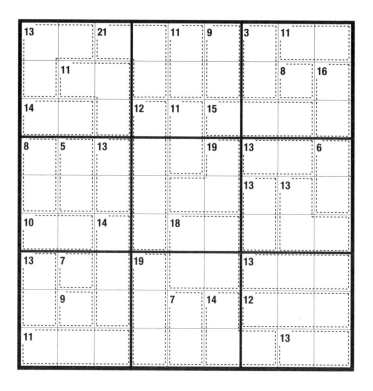

Solution see page 278

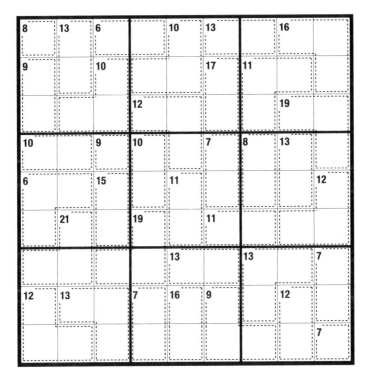

Solution see page 278

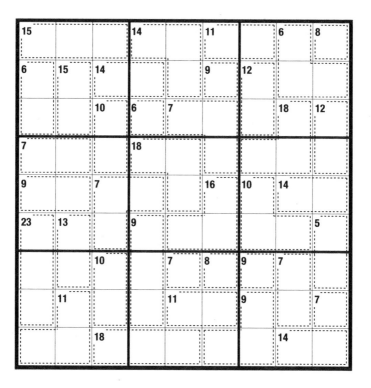

Solution see page 279

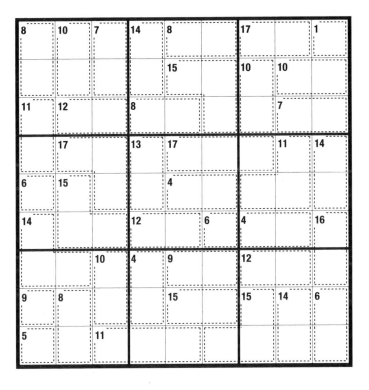

Solution see page 279

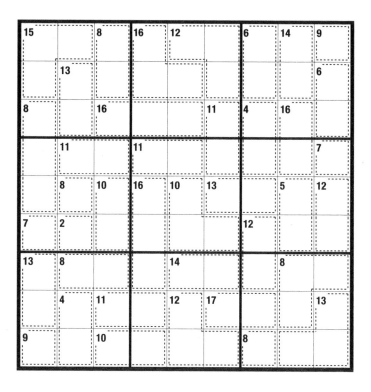

Solution see page 279

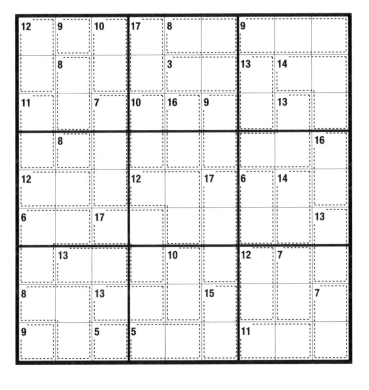

Solution see page 280

Solution see page 280

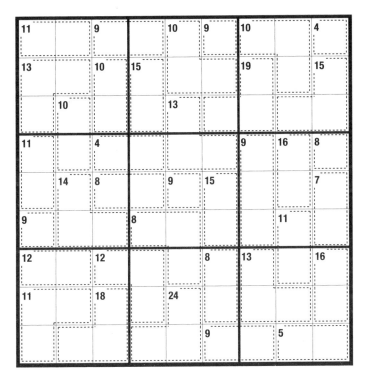

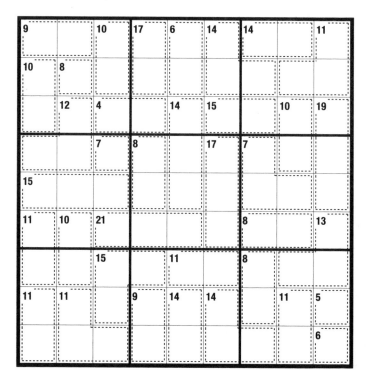

Solution see page 281

Solution see page 281

Solution see page 281

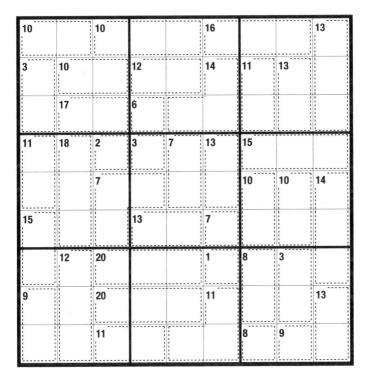

Solution see page 282

Solution see page 282

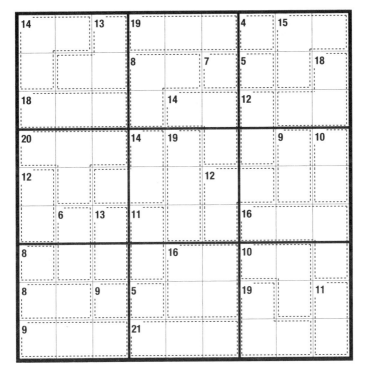

Solution see page 282

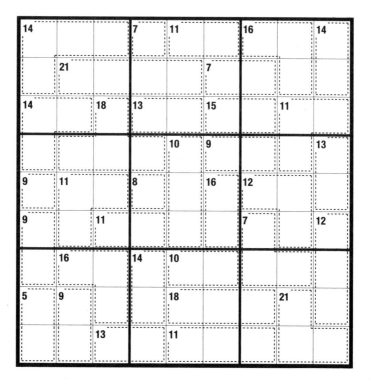

Solution see page 283

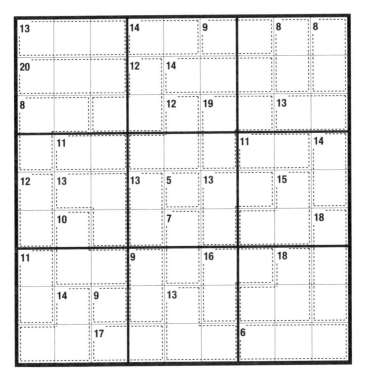

Solution see page 283

Solution see page 283

Solution see page 284

Solution see page 284

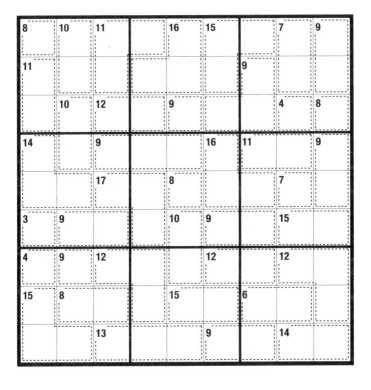

Solution see page 284

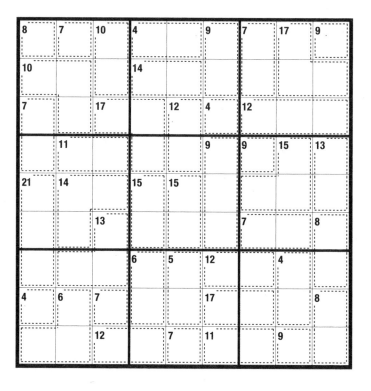

Solution see page 285

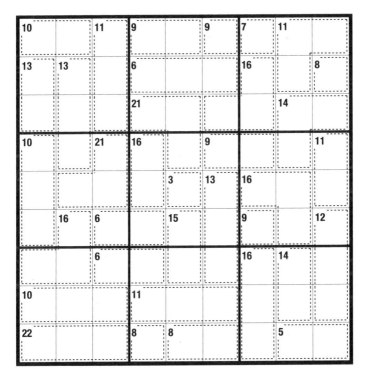

Solution see page 285

Solution see page 285

202

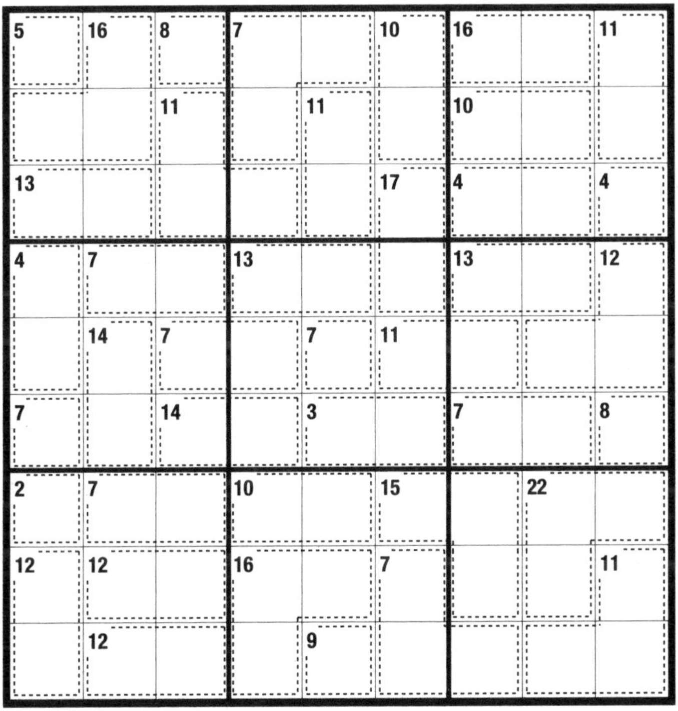

Solution see page 286

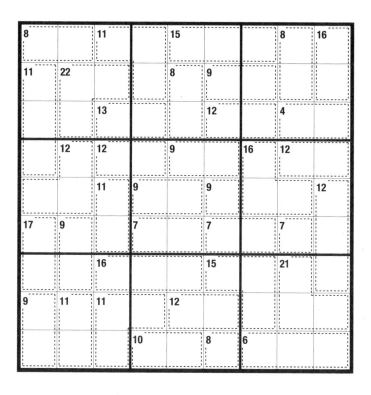

Solution see page 286

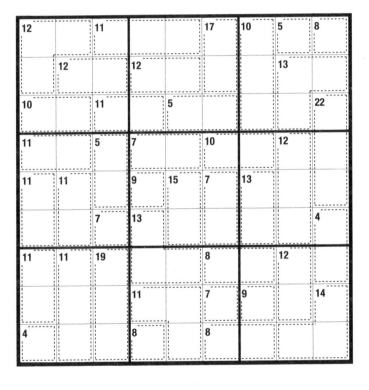

Solution see page 286

205

6	7		14		8			14	
8	12			12		11			7
9	12		12		13		15		
13			7						
2	10			8	15	11			9
19	19					13	8		
		13							8
7	15		18		13	7			6
		5				12			7

Solution see page 287

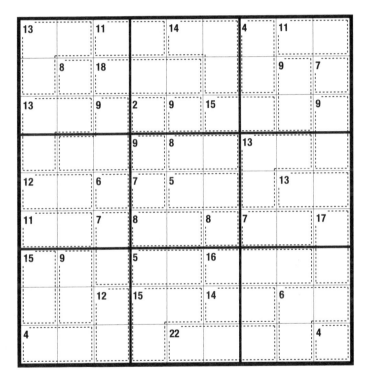

Solution see page 288

12	11			16	12		14	9
	12							11
10	11	15		10				
		7		10		17	14	8
5	23	14	9					
			17	15	3		6	7
13					8			7
		6	15			16		
6	5			7	9	15		

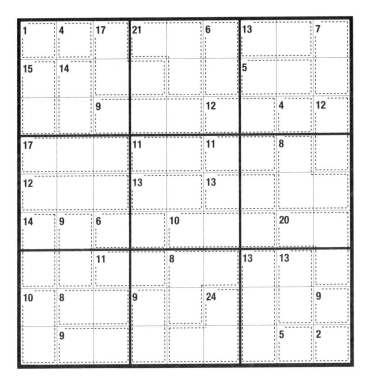

Solution see page 288

SOLUTIONS

1

3	9	4	1	8	5	2	6	7
7	8	5	2	6	4	3	9	1
1	6	2	3	9	7	4	8	5
4	7	8	9	2	1	5	3	6
9	1	6	8	5	3	7	4	2
5	2	3	7	4	6	8	1	9
8	4	7	6	1	2	9	5	3
2	5	1	4	3	9	6	7	8
6	3	9	5	7	8	1	2	4

2

2	8	9	1	3	7	6	4	5
4	1	5	6	9	2	3	8	7
6	7	3	4	8	5	9	2	1
1	6	4	8	7	3	2	5	9
7	5	2	9	4	6	1	3	8
9	3	8	2	5	1	7	6	4
3	2	7	5	1	8	4	9	6
5	4	1	3	6	9	8	7	2
8	9	6	7	2	4	5	1	3

3

4	7	2	9	1	8	6	3	5
3	1	5	7	2	6	9	8	4
8	6	9	5	3	4	7	1	2
2	4	3	1	9	7	5	6	8
6	5	8	2	4	3	1	9	7
7	9	1	6	8	5	2	4	3
1	2	4	3	5	9	8	7	6
9	3	6	8	7	2	4	5	1
5	8	7	4	6	1	3	2	9

SOLUTIONS

4

7	9	6	8	3	4	2	5	1
2	5	3	1	7	9	4	6	8
4	1	8	2	6	5	7	9	3
9	8	7	6	2	1	5	3	4
5	3	1	4	9	8	6	7	2
6	4	2	7	5	3	1	8	9
1	2	9	5	8	6	3	4	7
3	7	5	9	4	2	8	1	6
8	6	4	3	1	7	9	2	5

5

2	5	6	4	3	1	8	9	7
9	4	7	5	8	2	6	3	1
1	3	8	9	7	6	4	5	2
6	9	4	2	5	7	3	1	8
7	1	2	3	9	8	5	4	6
3	8	5	1	6	4	7	2	9
5	7	3	8	1	9	2	6	4
8	2	1	6	4	3	9	7	5
4	6	9	7	2	5	1	8	3

6

3	5	4	8	6	2	9	1	7
7	2	8	9	5	1	6	3	4
6	1	9	3	7	4	2	5	8
5	4	1	2	3	9	7	8	6
9	6	3	5	8	7	4	2	1
8	7	2	4	1	6	5	9	3
4	8	7	1	2	5	3	6	9
1	9	5	6	4	3	8	7	2
2	3	6	7	9	8	1	4	5

7

8	7	1	5	3	4	6	9	2
4	6	5	9	7	2	8	3	1
3	9	2	6	8	1	5	7	4
2	1	7	4	9	8	3	6	5
6	3	4	1	5	7	9	2	8
9	5	8	3	2	6	4	1	7
1	8	9	2	4	3	7	5	6
7	2	3	8	6	5	1	4	9
5	4	6	7	1	9	2	8	3

8

7	8	9	4	1	2	5	3	6
5	2	6	7	3	8	1	9	4
3	1	4	5	9	6	2	8	7
1	9	8	2	7	3	6	4	5
2	4	5	8	6	9	7	1	3
6	7	3	1	5	4	8	2	9
9	5	2	6	4	1	3	7	8
8	3	7	9	2	5	4	6	1
4	6	1	3	8	7	9	5	2

9

3	8	5	4	2	9	6	1	7
4	1	9	3	7	6	5	8	2
7	6	2	1	5	8	9	3	4
6	9	8	7	4	1	2	5	3
1	5	7	2	6	3	8	4	9
2	3	4	9	8	5	1	7	6
5	4	6	8	9	7	3	2	1
9	7	1	5	3	2	4	6	8
8	2	3	6	1	4	7	9	5

SOLUTIONS

⟨10⟩

4	5	7	6	8	2	1	9	3
1	6	3	9	7	4	5	8	2
2	9	8	5	1	3	4	6	7
6	3	9	8	4	5	2	7	1
7	2	1	3	6	9	8	4	5
8	4	5	1	2	7	6	3	9
9	1	4	2	3	6	7	5	8
5	8	6	7	9	1	3	2	4
3	7	2	4	5	8	9	1	6

⟨11⟩

8	5	4	2	3	1	9	7	6
2	3	6	7	9	4	1	8	5
7	1	9	6	8	5	2	4	3
5	9	8	4	2	7	6	3	1
1	4	2	8	6	3	7	5	9
3	6	7	1	5	9	4	2	8
6	8	1	3	7	2	5	9	4
9	7	3	5	4	6	8	1	2
4	2	5	9	1	8	3	6	7

⟨12⟩

6	5	4	3	9	2	1	7	8
1	7	9	6	5	8	4	3	2
8	2	3	4	1	7	9	6	5
2	4	1	9	6	5	7	8	3
5	9	7	8	3	1	6	2	4
3	8	6	2	7	4	5	9	1
4	6	5	7	8	3	2	1	9
7	3	2	1	4	9	8	5	6
9	1	8	5	2	6	3	4	7

13

7	9	6	8	3	5	4	1	2
2	3	4	1	9	7	6	5	8
1	5	8	6	2	4	3	7	9
5	1	7	2	6	3	8	9	4
4	2	3	9	7	8	1	6	5
8	6	9	5	4	1	7	2	3
3	8	1	7	5	2	9	4	6
9	4	2	3	1	6	5	8	7
6	7	5	4	8	9	2	3	1

14

8	4	5	6	9	2	1	3	7
1	9	7	5	8	3	4	6	2
2	6	3	4	7	1	9	8	5
3	1	9	2	5	6	8	7	4
5	8	2	9	4	7	3	1	6
6	7	4	3	1	8	2	5	9
4	3	8	7	2	5	6	9	1
7	2	1	8	6	9	5	4	3
9	5	6	1	3	4	7	2	8

15

2	9	8	4	5	7	6	1	3
3	6	7	2	8	1	4	9	5
5	1	4	6	9	3	8	2	7
8	2	3	9	1	6	5	7	4
1	4	9	8	7	5	2	3	6
6	7	5	3	4	2	9	8	1
9	5	2	1	3	4	7	6	8
7	3	6	5	2	8	1	4	9
4	8	1	7	6	9	3	5	2

SOLUTIONS

16

6	7	4	8	9	1	3	2	5
3	9	8	4	2	5	1	6	7
5	1	2	3	7	6	8	9	4
7	8	6	1	5	3	2	4	9
4	2	3	9	6	7	5	8	1
9	5	1	2	8	4	7	3	6
2	4	5	6	1	8	9	7	3
8	3	7	5	4	9	6	1	2
1	6	9	7	3	2	4	5	8

17

3	1	8	7	4	5	2	9	6
6	9	4	3	8	2	7	5	1
7	2	5	6	9	1	8	3	4
5	3	9	8	6	7	4	1	2
8	4	6	2	1	9	3	7	5
2	7	1	4	5	3	9	6	8
1	8	3	5	7	4	6	2	9
9	6	7	1	2	8	5	4	3
4	5	2	9	3	6	1	8	7

18

8	1	4	5	9	3	2	7	6
2	9	3	6	1	7	5	8	4
7	5	6	2	4	8	9	3	1
4	3	5	1	6	9	8	2	7
9	8	1	7	3	2	6	4	5
6	2	7	8	5	4	3	1	9
3	4	2	9	7	6	1	5	8
5	7	9	3	8	1	4	6	2
1	6	8	4	2	5	7	9	3

19

4	7	5	2	6	8	9	1	3
2	1	3	5	9	7	4	6	8
9	6	8	1	4	3	5	7	2
7	8	6	3	5	2	1	9	4
1	3	9	4	7	6	2	8	5
5	4	2	9	8	1	6	3	7
8	9	7	6	2	5	3	4	1
6	5	1	8	3	4	7	2	9
3	2	4	7	1	9	8	5	6

20

1	3	5	9	6	8	7	2	4
7	8	2	3	4	5	1	9	6
4	6	9	7	2	1	8	3	5
2	1	7	4	8	3	5	6	9
6	5	3	1	9	7	4	8	2
8	9	4	6	5	2	3	1	7
9	4	1	8	7	6	2	5	3
5	7	8	2	3	9	6	4	1
3	2	6	5	1	4	9	7	8

21

8	6	9	5	3	1	7	4	2
4	3	7	2	8	9	1	6	5
2	5	1	7	6	4	3	9	8
7	9	6	4	2	5	8	3	1
3	1	8	6	9	7	2	5	4
5	4	2	3	1	8	9	7	6
6	2	4	1	7	3	5	8	9
9	7	5	8	4	2	6	1	3
1	8	3	9	5	6	4	2	7

SOLUTIONS

22

7	2	4	5	1	3	6	9	8
1	3	5	9	6	8	4	2	7
9	6	8	7	2	4	3	5	1
5	9	2	8	3	6	1	7	4
6	7	1	4	9	5	8	3	2
4	8	3	2	7	1	9	6	5
2	1	7	3	8	9	5	4	6
3	5	6	1	4	7	2	8	9
8	4	9	6	5	2	7	1	3

23

9	2	3	4	7	5	8	1	6
7	4	6	3	1	8	2	5	9
8	1	5	9	6	2	4	3	7
1	9	8	5	4	3	6	7	2
3	6	4	1	2	7	9	8	5
5	7	2	8	9	6	3	4	1
4	8	9	6	5	1	7	2	3
6	5	7	2	3	4	1	9	8
2	3	1	7	8	9	5	6	4

24

7	1	9	6	2	5	8	4	3
4	5	8	3	9	7	1	6	2
2	3	6	1	4	8	7	9	5
9	6	3	7	8	1	2	5	4
5	2	7	4	6	3	9	1	8
1	8	4	2	5	9	6	3	7
8	4	1	5	7	6	3	2	9
6	7	5	9	3	2	4	8	1
3	9	2	8	1	4	5	7	6

25

6	3	8	2	1	7	4	5	9
2	4	5	9	6	8	7	3	1
7	9	1	3	5	4	2	8	6
1	5	9	8	7	3	6	2	4
8	2	6	5	4	9	1	7	3
4	7	3	6	2	1	5	9	8
3	1	4	7	8	5	9	6	2
9	6	7	1	3	2	8	4	5
5	8	2	4	9	6	3	1	7

26

2	9	7	3	1	6	8	5	4
5	4	1	9	8	2	7	6	3
8	6	3	5	7	4	2	9	1
7	3	5	8	4	9	6	1	2
6	1	8	2	3	5	9	4	7
4	2	9	7	6	1	3	8	5
1	7	2	6	5	8	4	3	9
9	5	6	4	2	3	1	7	8
3	8	4	1	9	7	5	2	6

27

3	6	7	5	8	4	9	1	2
4	8	2	9	6	1	5	3	7
9	1	5	3	7	2	6	8	4
2	5	3	7	1	8	4	9	6
7	9	8	4	3	6	2	5	1
1	4	6	2	5	9	3	7	8
5	3	4	1	2	7	8	6	9
6	2	1	8	9	3	7	4	5
8	7	9	6	4	5	1	2	3

SOLUTIONS

1	4	3	5	7	8	6	2	9
9	6	7	3	4	2	5	1	8
2	5	8	9	1	6	4	3	7
6	2	4	1	3	7	9	8	5
3	8	9	6	2	5	1	7	4
7	1	5	8	9	4	3	6	2
5	7	1	4	8	3	2	9	6
4	3	2	7	6	9	8	5	1
8	9	6	2	5	1	7	4	3

3	2	7	4	9	5	6	1	8
5	6	8	3	1	2	9	7	4
4	9	1	8	6	7	5	2	3
8	3	9	5	7	4	2	6	1
2	7	6	9	3	1	4	8	5
1	5	4	2	8	6	3	9	7
7	4	2	6	5	8	1	3	9
9	1	5	7	2	3	8	4	6
6	8	3	1	4	9	7	5	2

9	7	8	1	4	5	3	6	2
1	2	5	6	7	3	8	4	9
3	4	6	9	2	8	7	5	1
2	5	7	8	1	4	6	9	3
8	9	4	2	3	6	5	1	7
6	1	3	7	5	9	4	2	8
4	3	9	5	8	1	2	7	6
5	6	2	3	9	7	1	8	4
7	8	1	4	6	2	9	3	5

31

8	4	6	3	2	7	5	1	9
2	5	1	9	4	8	6	3	7
9	7	3	5	6	1	4	8	2
6	2	4	8	3	5	7	9	1
5	3	9	1	7	2	8	4	6
7	1	8	6	9	4	2	5	3
3	6	7	4	8	9	1	2	5
4	9	5	2	1	6	3	7	8
1	8	2	7	5	3	9	6	4

32

3	4	7	9	6	2	1	5	8
5	8	6	1	7	4	3	2	9
9	1	2	3	8	5	4	7	6
8	5	1	6	3	7	2	9	4
4	6	9	2	5	1	8	3	7
7	2	3	4	9	8	5	6	1
1	3	4	7	2	6	9	8	5
2	7	8	5	4	9	6	1	3
6	9	5	8	1	3	7	4	2

33

2	1	8	5	6	9	3	4	7
4	3	6	7	1	2	9	8	5
5	7	9	3	4	8	2	6	1
7	8	3	2	5	4	1	9	6
9	4	5	1	7	6	8	2	3
6	2	1	8	9	3	7	5	4
3	5	2	4	8	1	6	7	9
1	9	4	6	2	7	5	3	8
8	6	7	9	3	5	4	1	2

SOLUTIONS

5	6	1	3	8	9	7	4	2
4	2	9	6	7	1	8	3	5
3	8	7	4	2	5	1	6	9
7	3	8	1	9	2	6	5	4
1	4	2	5	6	3	9	8	7
9	5	6	7	4	8	2	1	3
8	1	4	9	3	7	5	2	6
2	7	3	8	5	6	4	9	1
6	9	5	2	1	4	3	7	8

8	7	9	4	2	6	3	1	5
4	2	3	5	1	8	6	7	9
5	1	6	3	9	7	8	2	4
3	9	4	7	8	1	2	5	6
6	5	7	9	3	2	4	8	1
2	8	1	6	4	5	9	3	7
7	4	8	1	6	3	5	9	2
1	6	2	8	5	9	7	4	3
9	3	5	2	7	4	1	6	8

9	5	7	4	1	6	3	8	2
3	8	4	7	2	9	1	5	6
2	6	1	5	3	8	9	4	7
7	2	9	1	6	4	5	3	8
6	1	5	8	7	3	2	9	4
4	3	8	9	5	2	7	6	1
5	9	6	2	8	1	4	7	3
1	4	3	6	9	7	8	2	5
8	7	2	3	4	5	6	1	9

1	3	8	5	9	6	2	7	4
5	7	2	4	1	8	9	3	6
9	4	6	2	7	3	8	1	5
3	5	7	8	4	1	6	9	2
2	8	1	7	6	9	5	4	3
4	6	9	3	2	5	7	8	1
6	1	5	9	3	7	4	2	8
7	2	3	6	8	4	1	5	9
8	9	4	1	5	2	3	6	7

8	2	7	6	4	5	3	9	1
5	4	6	9	1	3	7	2	8
1	9	3	7	2	8	5	6	4
2	1	5	3	6	4	8	7	9
4	6	8	5	9	7	2	1	3
7	3	9	1	8	2	6	4	5
3	5	2	4	7	1	9	8	6
6	8	1	2	3	9	4	5	7
9	7	4	8	5	6	1	3	2

2	6	3	8	5	9	4	7	1
9	1	7	4	3	6	8	5	2
8	4	5	1	7	2	9	3	6
4	8	6	2	1	3	5	9	7
7	3	2	5	9	4	1	6	8
5	9	1	6	8	7	3	2	4
1	2	4	3	6	5	7	8	9
6	5	9	7	4	8	2	1	3
3	7	8	9	2	1	6	4	5

SOLUTIONS

5	7	1	4	3	8	6	2	9
3	8	9	6	5	2	1	4	7
6	4	2	7	1	9	3	8	5
2	6	8	5	7	1	9	3	4
7	9	3	2	6	4	5	1	8
4	1	5	8	9	3	2	7	6
9	2	6	1	8	7	4	5	3
1	5	7	3	4	6	8	9	2
8	3	4	9	2	5	7	6	1

6	4	9	3	5	1	8	7	2
8	7	5	2	9	6	3	1	4
1	3	2	4	8	7	9	5	6
4	9	1	8	7	3	2	6	5
2	5	8	6	4	9	7	3	1
7	6	3	1	2	5	4	8	9
9	8	6	5	3	4	1	2	7
5	2	7	9	1	8	6	4	3
3	1	4	7	6	2	5	9	8

5	3	7	8	6	2	1	4	9
8	2	1	4	7	9	5	6	3
9	4	6	5	3	1	8	2	7
1	9	4	6	8	5	3	7	2
7	8	2	3	1	4	9	5	6
3	6	5	2	9	7	4	1	8
2	5	8	9	4	6	7	3	1
4	1	9	7	2	3	6	8	5
6	7	3	1	5	8	2	9	4

1	8	6	2	7	5	3	9	4
3	5	9	1	8	4	2	7	6
2	7	4	3	9	6	1	5	8
5	4	3	7	2	9	6	8	1
6	9	2	4	1	8	5	3	7
7	1	8	6	5	3	4	2	9
8	6	7	5	3	1	9	4	2
4	2	5	9	6	7	8	1	3
9	3	1	8	4	2	7	6	5

5	8	4	6	3	1	9	7	2
6	7	3	9	2	8	4	1	5
1	9	2	4	5	7	3	6	8
7	3	6	5	4	9	8	2	1
9	5	8	2	1	3	7	4	6
2	4	1	8	7	6	5	9	3
8	1	5	7	9	2	6	3	4
4	2	7	3	6	5	1	8	9
3	6	9	1	8	4	2	5	7

1	4	8	9	2	6	3	7	5
2	9	3	7	5	8	4	6	1
7	6	5	1	3	4	8	9	2
6	8	1	3	7	2	5	4	9
9	5	7	6	4	1	2	3	8
4	3	2	5	8	9	7	1	6
3	7	9	8	6	5	1	2	4
8	2	6	4	1	3	9	5	7
5	1	4	2	9	7	6	8	3

SOLUTIONS

46

7	8	4	6	1	2	5	3	9
6	5	3	7	4	9	2	8	1
9	1	2	8	5	3	6	7	4
8	6	7	5	3	1	4	9	2
4	3	9	2	6	8	1	5	7
5	2	1	4	9	7	8	6	3
2	4	5	9	7	6	3	1	8
3	7	6	1	8	4	9	2	5
1	9	8	3	2	5	7	4	6

47

2	3	5	4	7	9	8	1	6
1	4	7	8	2	6	5	3	9
8	9	6	3	5	1	2	4	7
3	7	8	2	4	5	6	9	1
5	1	9	6	8	3	7	2	4
4	6	2	1	9	7	3	5	8
9	5	3	7	6	4	1	8	2
7	8	1	9	3	2	4	6	5
6	2	4	5	1	8	9	7	3

48

3	2	6	1	4	9	7	8	5
1	5	7	8	2	3	6	9	4
4	9	8	6	5	7	2	3	1
7	4	5	3	9	1	8	6	2
6	3	9	2	8	5	1	4	7
8	1	2	7	6	4	9	5	3
9	7	1	4	3	6	5	2	8
2	6	4	5	1	8	3	7	9
5	8	3	9	7	2	4	1	6

49

2	6	1	5	8	9	3	7	4
7	5	4	1	3	2	9	8	6
8	3	9	4	7	6	1	2	5
3	1	7	2	9	4	6	5	8
6	2	8	7	5	3	4	9	1
4	9	5	8	6	1	2	3	7
1	7	3	9	4	5	8	6	2
5	4	6	3	2	8	7	1	9
9	8	2	6	1	7	5	4	3

50

4	1	2	8	9	6	7	3	5
5	8	7	3	4	2	1	6	9
9	6	3	1	5	7	8	2	4
6	5	9	4	1	8	2	7	3
3	4	1	7	2	9	6	5	8
2	7	8	6	3	5	4	9	1
7	3	6	5	8	4	9	1	2
8	2	5	9	7	1	3	4	6
1	9	4	2	6	3	5	8	7

51

5	7	3	8	6	2	1	9	4
1	9	6	3	4	7	5	8	2
4	8	2	9	5	1	6	7	3
3	5	1	2	7	9	8	4	6
9	4	7	6	8	5	2	3	1
2	6	8	4	1	3	9	5	7
8	1	9	7	2	4	3	6	5
7	3	5	1	9	6	4	2	8
6	2	4	5	3	8	7	1	9

SOLUTIONS

7	5	1	3	2	6	8	9	4
3	2	8	4	9	5	6	7	1
6	9	4	1	7	8	3	5	2
1	3	2	7	8	4	9	6	5
5	6	9	2	3	1	4	8	7
4	8	7	5	6	9	1	2	3
9	4	3	8	5	2	7	1	6
2	1	6	9	4	7	5	3	8
8	7	5	6	1	3	2	4	9

8	5	7	9	4	6	1	3	2
2	3	4	1	7	8	5	6	9
1	6	9	3	5	2	8	4	7
9	4	3	6	2	1	7	5	8
6	1	8	5	3	7	2	9	4
5	7	2	8	9	4	6	1	3
3	8	5	2	1	9	4	7	6
4	2	1	7	6	3	9	8	5
7	9	6	4	8	5	3	2	1

7	1	4	8	6	5	9	3	2
5	8	2	9	4	3	6	1	7
6	3	9	7	2	1	5	4	8
4	5	8	1	7	9	2	6	3
9	6	1	3	8	2	7	5	4
2	7	3	4	5	6	8	9	1
1	9	6	2	3	8	4	7	5
3	2	7	5	9	4	1	8	6
8	4	5	6	1	7	3	2	9

55

9	8	1	4	6	7	2	5	3
2	5	7	3	8	9	1	4	6
6	3	4	5	1	2	9	8	7
1	4	8	2	7	3	5	6	9
7	9	2	6	5	4	3	1	8
5	6	3	8	9	1	4	7	2
4	2	6	1	3	8	7	9	5
3	7	5	9	4	6	8	2	1
8	1	9	7	2	5	6	3	4

56

2	1	4	7	5	9	6	3	8
9	6	7	3	2	8	4	5	1
5	8	3	6	4	1	9	2	7
3	2	6	9	7	4	1	8	5
7	4	5	1	8	2	3	9	6
8	9	1	5	3	6	7	4	2
6	5	2	4	9	7	8	1	3
4	7	8	2	1	3	5	6	9
1	3	9	8	6	5	2	7	4

57

2	8	9	7	1	4	6	5	3
5	7	6	3	9	8	1	2	4
1	3	4	6	2	5	8	9	7
6	2	5	4	3	1	7	8	9
3	4	8	5	7	9	2	1	6
7	9	1	8	6	2	3	4	5
4	5	7	1	8	3	9	6	2
9	1	3	2	5	6	4	7	8
8	6	2	9	4	7	5	3	1

SOLUTIONS

9	8	1	3	7	6	2	4	5
7	6	2	5	8	4	9	1	3
5	4	3	9	2	1	6	7	8
2	1	6	8	4	5	7	3	9
4	5	7	6	9	3	8	2	1
3	9	8	2	1	7	4	5	6
1	3	9	4	6	2	5	8	7
6	2	5	7	3	8	1	9	4
8	7	4	1	5	9	3	6	2

3	8	2	4	9	7	5	6	1
9	1	5	6	2	8	4	3	7
6	4	7	5	1	3	2	9	8
1	9	6	7	5	4	8	2	3
8	7	4	3	6	2	1	5	9
2	5	3	9	8	1	6	7	4
7	6	1	2	4	9	3	8	5
5	3	8	1	7	6	9	4	2
4	2	9	8	3	5	7	1	6

9	5	1	3	8	6	2	7	4
3	6	2	5	7	4	8	1	9
4	8	7	1	9	2	3	5	6
8	1	9	6	2	7	5	4	3
7	2	5	8	4	3	9	6	1
6	4	3	9	5	1	7	8	2
1	7	6	2	3	8	4	9	5
2	9	8	4	6	5	1	3	7
5	3	4	7	1	9	6	2	8

61

9	5	1	4	2	6	3	8	7
8	3	6	5	1	7	2	4	9
7	2	4	8	3	9	6	1	5
1	4	3	7	5	2	9	6	8
2	8	5	9	6	3	4	7	1
6	9	7	1	8	4	5	3	2
5	7	2	3	4	8	1	9	6
4	1	8	6	9	5	7	2	3
3	6	9	2	7	1	8	5	4

 62

6	7	8	1	5	4	2	9	3
4	1	9	2	3	7	8	5	6
2	3	5	6	9	8	7	1	4
1	8	4	3	7	5	6	2	9
3	5	6	8	2	9	4	7	1
7	9	2	4	6	1	5	3	8
5	4	7	9	1	6	3	8	2
8	2	1	7	4	3	9	6	5
9	6	3	5	8	2	1	4	7

63

4	7	2	9	8	3	6	1	5
1	6	3	5	2	4	7	8	9
8	5	9	6	7	1	2	3	4
2	1	5	7	3	9	8	4	6
9	8	4	2	6	5	1	7	3
7	3	6	1	4	8	9	5	2
5	9	7	4	1	2	3	6	8
3	2	1	8	5	6	4	9	7
6	4	8	3	9	7	5	2	1

SOLUTIONS

2	3	5	4	7	8	6	1	9
1	4	8	9	6	3	5	7	2
7	9	6	1	5	2	4	8	3
4	2	7	8	1	6	9	3	5
8	6	3	5	2	9	7	4	1
5	1	9	3	4	7	2	6	8
9	5	4	7	8	1	3	2	6
6	7	1	2	3	5	8	9	4
3	8	2	6	9	4	1	5	7

4	9	1	8	7	2	3	5	6
7	2	6	9	5	3	1	4	8
8	5	3	4	1	6	7	2	9
9	3	2	1	8	7	5	6	4
1	6	4	2	9	5	8	7	3
5	8	7	3	6	4	9	1	2
2	1	5	6	3	8	4	9	7
3	4	9	7	2	1	6	8	5
6	7	8	5	4	9	2	3	1

5	9	4	2	8	7	1	3	6
6	3	8	5	1	4	7	2	9
2	1	7	3	9	6	4	5	8
3	7	2	9	4	1	8	6	5
4	5	6	8	7	2	9	1	3
1	8	9	6	5	3	2	7	4
7	4	3	1	6	8	5	9	2
8	6	5	7	2	9	3	4	1
9	2	1	4	3	5	6	8	7

2	9	7	4	5	3	1	8	6
4	3	8	7	6	1	2	5	9
6	5	1	2	8	9	7	3	4
9	8	2	5	3	7	4	6	1
7	4	6	9	1	8	3	2	5
3	1	5	6	2	4	8	9	7
1	7	3	8	9	5	6	4	2
8	6	9	1	4	2	5	7	3
5	2	4	3	7	6	9	1	8

8	6	4	9	1	7	5	3	2
5	7	3	2	8	4	9	1	6
2	9	1	6	5	3	8	7	4
6	1	5	3	7	8	4	2	9
3	2	7	4	9	6	1	5	8
9	4	8	1	2	5	7	6	3
4	8	2	7	6	1	3	9	5
1	3	9	5	4	2	6	8	7
7	5	6	8	3	9	2	4	1

3	5	6	1	8	9	2	7	4
1	7	4	5	2	3	8	6	9
9	8	2	6	7	4	1	3	5
4	9	5	7	1	2	6	8	3
2	1	3	4	6	8	5	9	7
7	6	8	3	9	5	4	1	2
8	2	1	9	5	7	3	4	6
5	3	9	8	4	6	7	2	1
6	4	7	2	3	1	9	5	8

SOLUTIONS

70

2	6	7	4	9	3	5	1	8
4	8	1	7	2	5	6	9	3
3	9	5	1	6	8	4	7	2
6	2	8	5	3	1	9	4	7
9	5	4	8	7	2	3	6	1
1	7	3	9	4	6	2	8	5
5	4	2	6	8	7	1	3	9
7	3	9	2	1	4	8	5	6
8	1	6	3	5	9	7	2	4

71

6	7	5	1	9	4	8	3	2
1	9	8	3	2	7	4	5	6
3	4	2	8	5	6	9	7	1
5	3	7	4	6	2	1	8	9
8	1	4	9	3	5	6	2	7
9	2	6	7	8	1	5	4	3
7	8	3	6	4	9	2	1	5
2	6	1	5	7	8	3	9	4
4	5	9	2	1	3	7	6	8

72

6	9	5	8	1	7	2	3	4
2	4	8	9	3	6	7	1	5
7	1	3	5	4	2	9	6	8
8	2	1	3	9	5	6	4	7
3	5	7	6	2	4	8	9	1
9	6	4	7	8	1	3	5	2
5	7	2	4	6	3	1	8	9
4	8	6	1	7	9	5	2	3
1	3	9	2	5	8	4	7	6

2	1	7	6	4	9	3	5	8
5	6	8	7	2	3	9	4	1
4	9	3	8	1	5	7	2	6
7	3	1	2	9	4	6	8	5
6	8	4	3	5	7	1	9	2
9	2	5	1	8	6	4	3	7
8	7	2	9	3	1	5	6	4
1	4	9	5	6	2	8	7	3
3	5	6	4	7	8	2	1	9

7	3	8	5	4	6	1	9	2
6	1	9	2	3	8	7	4	5
5	2	4	9	7	1	3	6	8
3	8	1	4	2	9	5	7	6
4	7	6	1	8	5	2	3	9
9	5	2	7	6	3	4	8	1
8	6	7	3	1	2	9	5	4
1	9	3	6	5	4	8	2	7
2	4	5	8	9	7	6	1	3

1	5	9	6	8	2	7	4	3
7	6	4	3	9	5	2	1	8
8	3	2	4	1	7	9	5	6
4	8	5	1	6	9	3	7	2
3	9	1	7	2	8	4	6	5
2	7	6	5	4	3	8	9	1
5	2	8	9	7	6	1	3	4
9	1	3	2	5	4	6	8	7
6	4	7	8	3	1	5	2	9

SOLUTIONS

3	8	5	9	6	4	2	7	1
2	9	7	1	5	8	6	4	3
6	1	4	2	7	3	5	8	9
1	7	6	5	8	2	3	9	4
9	2	3	7	4	1	8	5	6
4	5	8	3	9	6	1	2	7
5	3	9	8	1	7	4	6	2
7	6	1	4	2	5	9	3	8
8	4	2	6	3	9	7	1	5

2	4	7	6	8	9	5	3	1
8	3	5	1	7	4	9	6	2
6	1	9	2	3	5	4	7	8
1	5	6	9	4	8	7	2	3
4	7	2	5	6	3	1	8	9
3	9	8	7	2	1	6	4	5
9	2	3	4	5	7	8	1	6
7	8	1	3	9	6	2	5	4
5	6	4	8	1	2	3	9	7

8	7	9	2	6	3	1	4	5
2	5	1	7	4	9	3	8	6
4	6	3	1	8	5	2	7	9
5	4	2	3	7	6	8	9	1
3	1	8	9	5	4	7	6	2
7	9	6	8	1	2	4	5	3
9	3	5	4	2	7	6	1	8
6	8	7	5	3	1	9	2	4
1	2	4	6	9	8	5	3	7

79

9	5	1	8	4	7	2	3	6
7	3	6	9	1	2	8	4	5
4	2	8	6	3	5	7	1	9
6	4	9	5	2	1	3	8	7
2	8	5	3	7	6	1	9	4
3	1	7	4	8	9	6	5	2
1	9	2	7	5	8	4	6	3
5	7	4	1	6	3	9	2	8
8	6	3	2	9	4	5	7	1

80

7	5	1	4	8	9	6	2	3
2	9	6	7	3	1	8	4	5
3	4	8	2	6	5	7	1	9
5	8	7	3	1	2	9	6	4
9	3	2	6	7	4	5	8	1
6	1	4	5	9	8	3	7	2
1	7	3	9	2	6	4	5	8
4	2	9	8	5	7	1	3	6
8	6	5	1	4	3	2	9	7

81

7	3	1	6	9	8	5	2	4
6	2	4	5	7	1	8	9	3
8	5	9	2	4	3	1	7	6
1	7	5	9	2	4	6	3	8
3	4	2	1	8	6	7	5	9
9	6	8	7	3	5	4	1	2
2	9	6	8	1	7	3	4	5
5	1	3	4	6	9	2	8	7
4	8	7	3	5	2	9	6	1

SOLUTIONS

82

4	3	8	9	6	5	1	7	2
6	9	1	7	2	8	5	3	4
7	5	2	3	1	4	8	6	9
8	2	7	1	4	3	6	9	5
5	4	9	8	7	6	2	1	3
1	6	3	5	9	2	7	4	8
3	1	5	6	8	9	4	2	7
9	7	4	2	5	1	3	8	6
2	8	6	4	3	7	9	5	1

83

8	1	6	2	3	4	5	7	9
9	3	2	8	5	7	6	1	4
4	5	7	6	9	1	8	2	3
5	6	8	4	7	9	1	3	2
7	2	1	5	8	3	4	9	6
3	9	4	1	2	6	7	5	8
1	8	5	9	6	2	3	4	7
6	7	9	3	4	5	2	8	1
2	4	3	7	1	8	9	6	5

84

6	9	5	2	7	4	1	3	8
1	7	2	3	5	8	6	9	4
4	8	3	9	6	1	5	2	7
2	3	9	6	4	5	7	8	1
8	5	1	7	2	9	4	6	3
7	6	4	1	8	3	2	5	9
5	1	7	8	3	2	9	4	6
9	2	8	4	1	6	3	7	5
3	4	6	5	9	7	8	1	2

9	1	6	3	5	4	7	8	2
4	2	8	7	1	6	9	3	5
7	3	5	2	9	8	4	1	6
8	7	3	5	2	9	6	4	1
2	4	1	6	8	7	5	9	3
6	5	9	4	3	1	2	7	8
1	8	2	9	4	5	3	6	7
5	6	4	8	7	3	1	2	9
3	9	7	1	6	2	8	5	4

2	4	5	1	9	6	8	3	7
3	1	6	4	7	8	2	5	9
9	7	8	2	3	5	6	4	1
1	6	9	3	5	4	7	2	8
5	8	3	6	2	7	9	1	4
7	2	4	9	8	1	3	6	5
6	5	7	8	4	3	1	9	2
4	3	2	7	1	9	5	8	6
8	9	1	5	6	2	4	7	3

9	8	3	7	2	6	5	4	1
2	7	4	5	1	3	8	9	6
5	1	6	8	4	9	7	2	3
1	4	7	9	6	5	2	3	8
3	9	8	4	7	2	1	6	5
6	2	5	3	8	1	9	7	4
8	3	2	6	5	7	4	1	9
4	6	1	2	9	8	3	5	7
7	5	9	1	3	4	6	8	2

SOLUTIONS

4	5	9	2	3	7	8	6	1
2	3	8	4	1	6	9	7	5
7	1	6	8	5	9	2	4	3
5	4	7	9	8	3	1	2	6
3	9	1	5	6	2	7	8	4
8	6	2	7	4	1	3	5	9
1	2	5	3	7	4	6	9	8
9	8	3	6	2	5	4	1	7
6	7	4	1	9	8	5	3	2

2	6	9	4	5	8	7	1	3
8	1	5	3	2	7	9	4	6
7	3	4	9	6	1	5	8	2
5	9	8	1	7	6	3	2	4
3	7	6	8	4	2	1	5	9
4	2	1	5	9	3	8	6	7
9	5	7	6	8	4	2	3	1
1	4	2	7	3	5	6	9	8
6	8	3	2	1	9	4	7	5

9	3	2	8	5	6	4	7	1
1	7	8	4	9	3	5	6	2
6	4	5	1	2	7	8	3	9
4	9	7	6	8	1	2	5	3
2	5	6	9	3	4	7	1	8
8	1	3	2	7	5	9	4	6
5	6	9	7	1	2	3	8	4
3	2	1	5	4	8	6	9	7
7	8	4	3	6	9	1	2	5

91

4	2	6	1	5	8	7	9	3
1	9	3	2	7	4	5	6	8
8	7	5	9	6	3	1	2	4
3	5	1	8	2	9	6	4	7
2	6	9	3	4	7	8	5	1
7	4	8	6	1	5	2	3	9
5	8	7	4	3	2	9	1	6
9	1	4	5	8	6	3	7	2
6	3	2	7	9	1	4	8	5

92

5	3	8	2	7	4	9	6	1
4	9	6	3	1	8	2	5	7
1	2	7	6	9	5	4	8	3
2	6	4	5	8	1	7	3	9
7	8	1	9	3	6	5	4	2
9	5	3	4	2	7	6	1	8
8	1	5	7	4	2	3	9	6
3	4	2	1	6	9	8	7	5
6	7	9	8	5	3	1	2	4

93

2	3	4	9	1	5	8	6	7
9	6	5	3	8	7	1	4	2
1	8	7	4	6	2	5	3	9
4	5	8	1	7	3	9	2	6
6	7	2	8	5	9	4	1	3
3	9	1	6	2	4	7	5	8
7	2	9	5	3	1	6	8	4
8	1	3	7	4	6	2	9	5
5	4	6	2	9	8	3	7	1

SOLUTIONS

 94

4	2	8	6	5	9	1	3	7
3	7	9	8	1	4	6	2	5
5	1	6	2	7	3	8	4	9
6	4	2	9	3	7	5	1	8
8	9	7	1	2	5	4	6	3
1	3	5	4	8	6	7	9	2
2	8	3	7	6	1	9	5	4
7	6	4	5	9	2	3	8	1
9	5	1	3	4	8	2	7	6

 95

3	4	5	8	6	1	9	2	7
9	8	2	7	3	4	5	6	1
1	7	6	9	2	5	8	4	3
5	9	8	6	7	2	3	1	4
4	2	3	5	1	8	7	9	6
6	1	7	4	9	3	2	8	5
7	3	9	1	8	6	4	5	2
8	6	4	2	5	7	1	3	9
2	5	1	3	4	9	6	7	8

 96

1	3	7	4	9	8	5	6	2
4	6	5	1	2	3	7	8	9
8	9	2	5	6	7	1	4	3
9	2	1	7	8	4	3	5	6
7	8	3	6	1	5	9	2	4
5	4	6	9	3	2	8	1	7
2	7	4	8	5	9	6	3	1
6	5	9	3	4	1	2	7	8
3	1	8	2	7	6	4	9	5

97

6	1	8	9	7	2	5	4	3
9	4	3	5	8	6	7	1	2
5	7	2	1	4	3	6	9	8
2	9	1	7	6	8	3	5	4
3	6	5	4	2	9	8	7	1
4	8	7	3	5	1	9	2	6
8	2	9	6	1	7	4	3	5
7	5	6	2	3	4	1	8	9
1	3	4	8	9	5	2	6	7

98

8	4	9	7	1	3	6	5	2
5	1	6	2	4	8	3	7	9
7	2	3	6	9	5	1	4	8
3	9	2	1	6	7	5	8	4
6	5	8	4	3	9	2	1	7
1	7	4	5	8	2	9	6	3
9	8	1	3	5	4	7	2	6
4	6	7	9	2	1	8	3	5
2	3	5	8	7	6	4	9	1

99

3	7	8	2	1	4	5	9	6
6	2	9	5	8	7	1	3	4
1	5	4	6	9	3	2	7	8
2	6	7	1	5	9	4	8	3
9	4	1	3	6	8	7	5	2
8	3	5	4	7	2	6	1	9
7	9	2	8	4	1	3	6	5
5	1	3	9	2	6	8	4	7
4	8	6	7	3	5	9	2	1

SOLUTIONS

6	1	7	2	3	4	5	8	9
2	9	5	8	7	1	4	6	3
3	4	8	5	9	6	7	2	1
7	8	9	4	2	3	6	1	5
4	2	1	9	6	5	3	7	8
5	6	3	1	8	7	2	9	4
1	7	2	3	5	8	9	4	6
8	5	6	7	4	9	1	3	2
9	3	4	6	1	2	8	5	7

9	8	7	2	3	1	5	4	6
1	4	2	6	8	5	7	3	9
3	6	5	9	4	7	8	2	1
8	1	9	4	5	6	2	7	3
2	7	6	3	9	8	4	1	5
5	3	4	1	7	2	9	6	8
4	5	3	7	6	9	1	8	2
6	2	8	5	1	4	3	9	7
7	9	1	8	2	3	6	5	4

102

6	9	2	3	1	5	4	7	8
4	3	5	7	9	8	2	6	1
8	7	1	2	6	4	9	5	3
7	1	9	8	5	2	6	3	4
3	4	8	9	7	6	5	1	2
5	2	6	1	4	3	7	8	9
1	5	7	4	3	9	8	2	6
2	6	4	5	8	1	3	9	7
9	8	3	6	2	7	1	4	5

103

4	7	3	9	5	2	1	6	8
5	2	6	8	1	7	9	3	4
9	8	1	6	4	3	2	7	5
8	3	5	2	7	1	6	4	9
2	9	4	5	8	6	7	1	3
6	1	7	4	3	9	8	5	2
3	5	9	7	6	8	4	2	1
1	6	8	3	2	4	5	9	7
7	4	2	1	9	5	3	8	6

104

9	2	8	6	7	4	1	3	5
6	7	4	5	3	1	8	9	2
1	3	5	9	8	2	4	7	6
8	9	6	2	4	7	5	1	3
2	5	3	8	1	9	6	4	7
7	4	1	3	6	5	2	8	9
4	6	9	1	2	3	7	5	8
3	1	2	7	5	8	9	6	4
5	8	7	4	9	6	3	2	1

105

3	7	5	1	2	9	4	8	6
2	4	8	5	3	6	9	7	1
1	6	9	4	8	7	2	3	5
4	5	2	3	6	1	8	9	7
6	3	1	7	9	8	5	2	4
8	9	7	2	4	5	6	1	3
7	1	4	8	5	2	3	6	9
9	2	3	6	7	4	1	5	8
5	8	6	9	1	3	7	4	2

SOLUTIONS

1	5	3	7	6	8	4	9	2
8	7	4	5	2	9	3	1	6
9	2	6	1	4	3	8	7	5
7	9	1	3	8	6	2	5	4
5	4	8	9	7	2	1	6	3
3	6	2	4	5	1	9	8	7
6	8	9	2	3	7	5	4	1
4	3	7	8	1	5	6	2	9
2	1	5	6	9	4	7	3	8

8	3	9	5	7	1	2	6	4
1	7	2	8	6	4	3	9	5
6	4	5	9	3	2	7	1	8
4	6	8	7	5	9	1	3	2
2	5	7	3	1	6	4	8	9
9	1	3	4	2	8	6	5	7
7	9	1	6	4	5	8	2	3
5	2	4	1	8	3	9	7	6
3	8	6	2	9	7	5	4	1

5	7	4	8	6	3	2	1	9
2	6	9	4	7	1	8	5	3
3	8	1	2	9	5	4	7	6
4	3	2	6	5	7	1	9	8
8	9	5	3	1	2	6	4	7
7	1	6	9	8	4	3	2	5
9	5	3	1	2	8	7	6	4
1	4	7	5	3	6	9	8	2
6	2	8	7	4	9	5	3	1

109

8	2	5	7	9	1	3	4	6
9	4	3	6	8	5	7	1	2
6	7	1	3	4	2	8	9	5
3	6	9	4	2	8	1	5	7
1	8	2	9	5	7	6	3	4
7	5	4	1	3	6	2	8	9
2	3	7	5	1	4	9	6	8
5	9	8	2	6	3	4	7	1
4	1	6	8	7	9	5	2	3

110

6	4	8	5	2	3	1	9	7
9	3	5	7	1	6	2	4	8
2	1	7	9	4	8	5	6	3
1	8	6	2	3	5	4	7	9
4	2	9	6	7	1	3	8	5
7	5	3	8	9	4	6	2	1
8	6	1	4	5	7	9	3	2
3	7	2	1	6	9	8	5	4
5	9	4	3	8	2	7	1	6

111

4	7	5	9	6	1	2	3	8
3	1	6	4	2	8	5	9	7
2	9	8	7	3	5	6	4	1
7	5	1	6	4	9	8	2	3
8	2	4	1	7	3	9	5	6
9	6	3	5	8	2	1	7	4
1	4	7	2	5	6	3	8	9
5	3	9	8	1	7	4	6	2
6	8	2	3	9	4	7	1	5

SOLUTIONS

112

7	9	2	3	4	5	8	1	6
4	8	3	7	1	6	9	5	2
1	5	6	8	2	9	7	4	3
3	2	8	6	7	4	5	9	1
9	4	5	1	8	2	6	3	7
6	1	7	5	9	3	4	2	8
8	6	9	2	5	1	3	7	4
2	7	4	9	3	8	1	6	5
5	3	1	4	6	7	2	8	9

113

9	3	6	5	1	7	8	2	4
4	7	5	6	2	8	9	3	1
1	8	2	3	4	9	5	6	7
8	2	9	1	7	5	3	4	6
6	1	4	8	9	3	2	7	5
3	5	7	4	6	2	1	8	9
5	4	8	7	3	1	6	9	2
7	9	3	2	5	6	4	1	8
2	6	1	9	8	4	7	5	3

114

9	7	4	6	1	5	3	8	2
3	2	6	7	4	8	5	9	1
8	1	5	9	2	3	4	7	6
1	3	9	2	6	4	7	5	8
2	4	8	3	5	7	6	1	9
5	6	7	8	9	1	2	4	3
4	8	3	1	7	2	9	6	5
6	5	1	4	3	9	8	2	7
7	9	2	5	8	6	1	3	4

115

4	7	5	2	6	9	1	3	8
3	2	8	4	7	1	6	9	5
6	1	9	8	5	3	2	7	4
1	5	3	7	9	6	8	4	2
7	8	4	3	1	2	5	6	9
2	9	6	5	8	4	7	1	3
9	3	7	1	2	8	4	5	6
8	6	1	9	4	5	3	2	7
5	4	2	6	3	7	9	8	1

 116

5	7	6	4	9	1	8	2	3
8	2	9	7	3	5	1	4	6
1	4	3	8	2	6	7	9	5
4	9	1	6	8	3	2	5	7
6	3	7	5	1	2	9	8	4
2	5	8	9	7	4	3	6	1
9	8	4	3	5	7	6	1	2
3	6	2	1	4	9	5	7	8
7	1	5	2	6	8	4	3	9

 117

8	5	6	4	9	2	7	1	3
2	1	7	3	8	6	9	5	4
4	3	9	1	7	5	6	8	2
9	6	5	7	2	8	3	4	1
7	8	4	6	3	1	5	2	9
1	2	3	9	5	4	8	7	6
3	4	8	2	6	7	1	9	5
6	7	1	5	4	9	2	3	8
5	9	2	8	1	3	4	6	7

SOLUTIONS

118

3	5	1	7	2	4	8	6	9
7	2	9	6	8	5	4	3	1
8	4	6	3	1	9	7	5	2
5	6	3	8	4	1	2	9	7
9	1	2	5	6	7	3	8	4
4	7	8	2	9	3	6	1	5
2	9	4	1	3	8	5	7	6
6	8	5	9	7	2	1	4	3
1	3	7	4	5	6	9	2	8

119

5	9	2	7	1	4	8	6	3
4	6	1	9	3	8	2	5	7
8	3	7	2	5	6	1	9	4
1	7	9	3	8	2	5	4	6
3	5	4	6	7	1	9	8	2
2	8	6	5	4	9	7	3	1
6	4	5	8	2	7	3	1	9
9	2	3	1	6	5	4	7	8
7	1	8	4	9	3	6	2	5

120

6	1	3	5	4	8	2	7	9
5	7	9	3	6	2	8	4	1
8	4	2	7	9	1	5	6	3
3	5	1	9	8	7	4	2	6
4	9	7	2	5	6	1	3	8
2	8	6	1	3	4	9	5	7
7	3	5	4	1	9	6	8	2
1	2	8	6	7	5	3	9	4
9	6	4	8	2	3	7	1	5

121

2	9	7	5	8	3	6	4	1
8	6	5	4	1	7	3	2	9
1	3	4	6	2	9	8	7	5
5	7	9	2	6	8	4	1	3
4	1	2	3	9	5	7	6	8
6	8	3	7	4	1	9	5	2
3	4	1	8	5	6	2	9	7
7	5	6	9	3	2	1	8	4
9	2	8	1	7	4	5	3	6

122

5	2	6	7	3	8	1	9	4
8	7	1	2	9	4	6	5	3
4	9	3	1	6	5	8	7	2
6	1	2	5	7	9	3	4	8
3	8	7	4	1	6	9	2	5
9	4	5	8	2	3	7	6	1
7	6	8	3	4	2	5	1	9
2	3	9	6	5	1	4	8	7
1	5	4	9	8	7	2	3	6

123

7	1	8	3	6	2	4	5	9
4	9	2	5	8	1	3	7	6
6	5	3	7	4	9	8	2	1
5	7	9	6	2	4	1	8	3
3	2	6	8	1	5	9	4	7
1	8	4	9	7	3	2	6	5
2	4	7	1	9	6	5	3	8
8	3	1	4	5	7	6	9	2
9	6	5	2	3	8	7	1	4

SOLUTIONS

1	8	5	9	3	7	2	6	4
4	2	9	6	1	5	7	8	3
7	6	3	8	4	2	9	5	1
2	9	8	1	7	3	5	4	6
6	3	4	5	2	9	8	1	7
5	1	7	4	6	8	3	2	9
8	7	6	3	5	4	1	9	2
9	4	2	7	8	1	6	3	5
3	5	1	2	9	6	4	7	8

9	3	5	7	2	1	6	4	8
8	6	4	9	3	5	1	7	2
1	7	2	8	4	6	5	9	3
3	5	8	6	9	7	4	2	1
2	4	6	1	8	3	9	5	7
7	9	1	2	5	4	3	8	6
4	2	7	3	6	9	8	1	5
6	8	9	5	1	2	7	3	4
5	1	3	4	7	8	2	6	9

6	1	4	7	3	5	9	2	8
8	5	2	4	9	1	3	7	6
7	3	9	6	8	2	1	5	4
1	8	5	2	7	9	6	4	3
9	4	6	1	5	3	2	8	7
3	2	7	8	4	6	5	1	9
2	7	3	5	6	8	4	9	1
4	9	1	3	2	7	8	6	5
5	6	8	9	1	4	7	3	2

9	3	8	1	4	7	5	2	6
1	4	2	6	9	5	7	3	8
7	6	5	2	8	3	1	9	4
2	7	3	9	1	6	8	4	5
4	9	1	8	5	2	6	7	3
5	8	6	3	7	4	2	1	9
6	1	7	5	3	9	4	8	2
8	5	9	4	2	1	3	6	7
3	2	4	7	6	8	9	5	1

7	3	2	6	5	4	8	9	1
6	1	4	8	3	9	5	2	7
8	9	5	2	7	1	4	3	6
3	4	6	5	9	8	1	7	2
1	8	7	3	6	2	9	5	4
2	5	9	1	4	7	3	6	8
4	2	3	9	8	6	7	1	5
9	7	1	4	2	5	6	8	3
5	6	8	7	1	3	2	4	9

4	3	2	6	1	5	9	7	8
1	6	5	8	9	7	3	2	4
8	7	9	3	2	4	6	5	1
7	2	1	5	6	3	8	4	9
6	9	3	4	8	2	7	1	5
5	8	4	1	7	9	2	3	6
2	5	7	9	4	8	1	6	3
9	4	6	7	3	1	5	8	2
3	1	8	2	5	6	4	9	7

SOLUTIONS

3	1	2	7	8	4	5	9	6
7	6	4	5	1	9	2	8	3
8	5	9	3	2	6	7	1	4
5	2	6	4	3	8	1	7	9
4	9	8	6	7	1	3	2	5
1	7	3	9	5	2	4	6	8
2	8	5	1	6	3	9	4	7
6	4	7	2	9	5	8	3	1
9	3	1	8	4	7	6	5	2

8	6	9	5	7	1	2	3	4
7	2	4	9	6	3	5	1	8
5	3	1	2	4	8	9	7	6
4	5	7	8	3	9	1	6	2
1	8	6	4	2	7	3	5	9
3	9	2	6	1	5	8	4	7
6	4	3	1	8	2	7	9	5
2	7	5	3	9	6	4	8	1
9	1	8	7	5	4	6	2	3

7	9	5	8	3	1	6	4	2
2	1	6	9	4	5	3	7	8
4	3	8	6	7	2	1	9	5
3	7	9	5	1	8	4	2	6
6	5	1	2	9	4	8	3	7
8	4	2	7	6	3	5	1	9
5	2	3	4	8	7	9	6	1
9	8	4	1	2	6	7	5	3
1	6	7	3	5	9	2	8	4

2	9	7	8	1	6	5	3	4
6	1	5	2	4	3	9	8	7
3	4	8	7	5	9	1	6	2
9	8	1	4	7	2	6	5	3
5	2	4	3	6	8	7	9	1
7	3	6	5	9	1	4	2	8
4	7	2	6	3	5	8	1	9
1	6	3	9	8	7	2	4	5
8	5	9	1	2	4	3	7	6

1	2	4	6	8	5	9	3	7
3	7	5	2	9	1	6	8	4
8	6	9	3	7	4	1	5	2
4	8	1	9	3	7	2	6	5
5	9	7	1	6	2	3	4	8
2	3	6	5	4	8	7	1	9
9	1	8	4	2	3	5	7	6
7	5	2	8	1	6	4	9	3
6	4	3	7	5	9	8	2	1

5	8	2	1	7	4	9	3	6
1	6	4	2	3	9	8	5	7
9	3	7	8	5	6	4	1	2
6	5	1	7	4	3	2	9	8
8	7	3	6	9	2	1	4	5
4	2	9	5	1	8	6	7	3
3	4	6	9	8	7	5	2	1
7	1	8	4	2	5	3	6	9
2	9	5	3	6	1	7	8	4

SOLUTIONS

136

4	8	5	6	3	7	2	1	9
2	9	7	4	1	5	3	6	8
6	3	1	9	8	2	7	4	5
5	6	8	2	4	9	1	7	3
1	7	4	8	5	3	6	9	2
9	2	3	1	7	6	8	5	4
7	5	6	3	9	8	4	2	1
8	1	9	7	2	4	5	3	6
3	4	2	5	6	1	9	8	7

137

7	2	3	9	5	8	1	4	6
5	6	1	4	3	7	2	9	8
8	4	9	1	2	6	3	5	7
4	5	6	2	8	1	9	7	3
1	9	7	3	6	5	4	8	2
3	8	2	7	9	4	5	6	1
2	7	8	5	4	3	6	1	9
6	3	4	8	1	9	7	2	5
9	1	5	6	7	2	8	3	4

138

9	3	2	4	5	8	7	6	1
8	7	1	3	2	6	9	4	5
4	6	5	9	7	1	2	3	8
5	2	8	1	6	4	3	7	9
6	1	7	2	9	3	5	8	4
3	4	9	7	8	5	6	1	2
1	9	6	5	4	7	8	2	3
7	5	3	8	1	2	4	9	6
2	8	4	6	3	9	1	5	7

139

4	1	7	3	2	9	6	5	8
9	6	3	1	8	5	4	7	2
8	2	5	6	4	7	9	3	1
5	3	6	7	9	1	8	2	4
7	4	8	5	6	2	1	9	3
2	9	1	8	3	4	5	6	7
1	5	4	9	7	3	2	8	6
3	8	2	4	5	6	7	1	9
6	7	9	2	1	8	3	4	5

140

7	8	9	3	4	6	1	5	2
6	3	1	7	5	2	8	9	4
5	2	4	8	1	9	6	3	7
1	9	3	2	6	4	7	8	5
2	6	8	5	3	7	4	1	9
4	7	5	1	9	8	2	6	3
8	5	6	4	2	3	9	7	1
3	4	7	9	8	1	5	2	6
9	1	2	6	7	5	3	4	8

141

6	5	9	3	7	2	4	8	1
8	2	1	5	4	9	7	6	3
3	7	4	6	1	8	9	2	5
7	6	5	4	3	1	8	9	2
1	4	2	9	8	5	3	7	6
9	3	8	7	2	6	1	5	4
2	9	7	1	6	4	5	3	8
4	8	3	2	5	7	6	1	9
5	1	6	8	9	3	2	4	7

SOLUTIONS

2	5	3	7	6	8	4	9	1
9	8	1	4	2	3	7	6	5
7	4	6	1	5	9	8	3	2
4	6	9	8	3	2	1	5	7
5	2	7	6	4	1	9	8	3
1	3	8	9	7	5	2	4	6
3	7	4	2	8	6	5	1	9
8	9	5	3	1	7	6	2	4
6	1	2	5	9	4	3	7	8

2	8	4	6	7	1	9	3	5
6	7	5	4	3	9	1	2	8
9	3	1	5	8	2	4	7	6
5	9	8	3	4	6	2	1	7
4	2	3	7	1	5	8	6	9
1	6	7	2	9	8	5	4	3
8	4	2	9	6	3	7	5	1
3	5	9	1	2	7	6	8	4
7	1	6	8	5	4	3	9	2

2	5	9	8	7	1	4	6	3
4	1	6	2	9	3	7	8	5
7	3	8	4	6	5	1	2	9
8	6	1	5	4	9	2	3	7
3	4	2	7	1	8	9	5	6
9	7	5	3	2	6	8	4	1
5	8	4	9	3	7	6	1	2
6	2	7	1	5	4	3	9	8
1	9	3	6	8	2	5	7	4

145

2	3	4	5	7	6	1	8	9
1	7	9	8	2	4	3	6	5
6	8	5	3	1	9	4	2	7
5	2	3	9	4	8	7	1	6
7	4	6	1	3	2	9	5	8
8	9	1	6	5	7	2	3	4
4	1	8	2	9	5	6	7	3
3	6	7	4	8	1	5	9	2
9	5	2	7	6	3	8	4	1

146

3	7	5	9	4	2	1	6	8
2	1	9	6	5	8	4	3	7
8	6	4	7	1	3	2	9	5
7	9	2	1	3	5	6	8	4
1	4	6	2	8	9	5	7	3
5	3	8	4	7	6	9	1	2
9	8	3	5	2	1	7	4	6
6	2	7	3	9	4	8	5	1
4	5	1	8	6	7	3	2	9

147

6	8	3	1	9	2	7	5	4
7	1	5	3	6	4	8	2	9
4	2	9	5	8	7	6	3	1
2	7	8	9	4	3	5	1	6
9	5	1	8	2	6	4	7	3
3	6	4	7	1	5	2	9	8
8	3	7	6	5	9	1	4	2
5	4	6	2	3	1	9	8	7
1	9	2	4	7	8	3	6	5

SOLUTIONS

148

3	6	5	1	4	7	9	8	2
7	2	9	8	6	5	1	4	3
4	8	1	3	2	9	5	6	7
1	7	6	4	5	2	8	3	9
9	5	8	6	3	1	2	7	4
2	4	3	7	9	8	6	1	5
8	3	2	9	1	4	7	5	6
6	9	7	5	8	3	4	2	1
5	1	4	2	7	6	3	9	8

149

9	6	4	8	1	5	7	3	2
7	5	1	4	2	3	9	8	6
8	2	3	7	9	6	4	5	1
5	7	9	6	8	2	3	1	4
1	4	6	3	5	9	8	2	7
2	3	8	1	4	7	6	9	5
4	8	7	2	3	1	5	6	9
3	1	5	9	6	4	2	7	8
6	9	2	5	7	8	1	4	3

150

4	9	2	8	1	5	6	7	3
7	3	8	6	9	2	4	1	5
1	5	6	4	3	7	2	9	8
9	8	7	2	6	3	1	5	4
5	6	3	1	4	9	7	8	2
2	1	4	5	7	8	9	3	6
8	2	1	9	5	6	3	4	7
6	7	9	3	8	4	5	2	1
3	4	5	7	2	1	8	6	9

151

3	9	1	4	6	2	5	7	8
8	5	2	9	1	7	6	4	3
4	6	7	8	5	3	2	1	9
2	3	4	1	7	9	8	6	5
6	8	5	3	2	4	1	9	7
1	7	9	5	8	6	4	3	2
7	4	8	6	9	5	3	2	1
5	2	6	7	3	1	9	8	4
9	1	3	2	4	8	7	5	6

152

2	4	9	6	3	5	7	1	8
6	1	8	2	7	4	3	9	5
3	7	5	1	9	8	2	6	4
7	5	6	4	1	9	8	3	2
4	8	2	3	5	6	1	7	9
1	9	3	8	2	7	5	4	6
8	3	7	9	4	2	6	5	1
5	6	4	7	8	1	9	2	3
9	2	1	5	6	3	4	8	7

153

1	8	2	9	5	3	4	6	7
4	7	6	8	2	1	5	3	9
5	3	9	7	6	4	2	8	1
9	2	7	4	8	6	3	1	5
6	5	1	2	3	7	8	9	4
8	4	3	5	1	9	7	2	6
7	1	8	3	9	5	6	4	2
2	9	5	6	4	8	1	7	3
3	6	4	1	7	2	9	5	8

SOLUTIONS

154

5	3	6	9	2	7	8	1	4
1	8	2	3	5	4	6	7	9
7	9	4	1	6	8	3	5	2
2	5	9	6	4	1	7	8	3
4	6	3	8	7	9	1	2	5
8	1	7	5	3	2	4	9	6
6	7	8	4	9	5	2	3	1
3	2	5	7	1	6	9	4	8
9	4	1	2	8	3	5	6	7

155

4	1	8	9	3	5	7	6	2
7	5	2	6	8	1	4	9	3
9	6	3	7	4	2	1	8	5
6	2	7	5	9	8	3	1	4
3	4	1	2	7	6	9	5	8
8	9	5	3	1	4	6	2	7
5	3	9	8	6	7	2	4	1
1	8	6	4	2	3	5	7	9
2	7	4	1	5	9	8	3	6

156

2	5	3	4	6	1	7	9	8
7	9	1	8	3	2	6	4	5
6	8	4	5	9	7	2	3	1
8	3	9	1	4	6	5	2	7
5	4	7	3	2	8	9	1	6
1	6	2	7	5	9	4	8	3
3	7	5	9	8	4	1	6	2
9	2	8	6	1	5	3	7	4
4	1	6	2	7	3	8	5	9

157

3	9	1	8	5	4	7	6	2
4	7	6	2	3	1	8	5	9
8	2	5	7	9	6	3	1	4
5	4	2	3	1	7	6	9	8
6	3	9	4	2	8	1	7	5
1	8	7	9	6	5	2	4	3
2	6	3	5	7	9	4	8	1
7	5	8	1	4	2	9	3	6
9	1	4	6	8	3	5	2	7

158

4	3	7	9	8	5	1	6	2
2	9	5	1	6	7	3	4	8
1	6	8	2	3	4	5	7	9
9	2	6	7	1	3	8	5	4
7	4	3	8	5	6	9	2	1
5	8	1	4	9	2	6	3	7
3	1	4	5	7	9	2	8	6
8	5	2	6	4	1	7	9	3
6	7	9	3	2	8	4	1	5

159

3	6	9	1	8	5	2	7	4
2	8	7	6	4	9	5	3	1
4	5	1	2	3	7	8	6	9
9	3	4	5	6	8	1	2	7
6	1	8	7	9	2	3	4	5
7	2	5	3	1	4	6	9	8
8	7	6	9	5	3	4	1	2
5	9	3	4	2	1	7	8	6
1	4	2	8	7	6	9	5	3

SOLUTIONS

8	3	1	7	6	9	4	5	2
9	2	7	8	5	4	6	1	3
5	6	4	2	3	1	8	9	7
3	5	2	6	4	7	9	8	1
4	9	8	1	2	3	7	6	5
7	1	6	5	9	8	2	3	4
1	8	9	3	7	2	5	4	6
6	7	3	4	8	5	1	2	9
2	4	5	9	1	6	3	7	8

8	9	2	4	1	7	3	6	5
4	3	7	6	5	2	1	9	8
6	1	5	9	3	8	2	4	7
3	2	8	1	6	9	7	5	4
9	7	4	3	8	5	6	2	1
1	5	6	7	2	4	8	3	9
2	4	1	8	9	6	5	7	3
7	6	3	5	4	1	9	8	2
5	8	9	2	7	3	4	1	6

1	5	2	4	9	3	6	7	8
9	8	3	7	6	2	5	4	1
4	6	7	8	1	5	2	3	9
2	7	6	9	3	1	8	5	4
3	4	9	5	8	7	1	6	2
8	1	5	2	4	6	7	9	3
5	3	4	6	2	8	9	1	7
7	2	1	3	5	9	4	8	6
6	9	8	1	7	4	3	2	5

163

1	6	3	2	9	4	5	7	8
4	7	5	8	1	3	2	9	6
2	9	8	5	7	6	3	1	4
8	4	1	6	2	7	9	5	3
3	5	9	1	4	8	7	6	2
7	2	6	3	5	9	4	8	1
6	3	2	7	8	5	1	4	9
9	8	7	4	3	1	6	2	5
5	1	4	9	6	2	8	3	7

164

9	3	1	2	8	4	7	5	6
4	7	5	6	3	9	8	2	1
8	6	2	5	7	1	3	4	9
1	9	7	3	6	5	2	8	4
6	4	3	8	9	2	5	1	7
2	5	8	1	4	7	6	9	3
5	2	4	7	1	6	9	3	8
7	8	9	4	5	3	1	6	2
3	1	6	9	2	8	4	7	5

165

5	7	9	6	1	4	2	8	3
2	3	4	7	9	8	1	5	6
6	8	1	2	3	5	9	4	7
9	4	5	8	7	1	6	3	2
8	1	2	4	6	3	5	7	9
3	6	7	5	2	9	8	1	4
4	2	6	1	5	7	3	9	8
7	5	3	9	8	2	4	6	1
1	9	8	3	4	6	7	2	5

SOLUTIONS

166

4	3	6	9	7	2	8	5	1
7	5	2	1	3	8	9	6	4
9	1	8	5	6	4	7	2	3
8	9	3	2	4	1	6	7	5
1	4	5	7	8	6	2	3	9
6	2	7	3	9	5	4	1	8
3	8	4	6	1	7	5	9	2
2	7	1	8	5	9	3	4	6
5	6	9	4	2	3	1	8	7

167

1	4	6	7	3	5	8	2	9
5	9	3	6	8	2	7	4	1
7	8	2	9	4	1	5	6	3
6	3	1	8	5	9	4	7	2
9	2	4	1	7	6	3	5	8
8	5	7	3	2	4	9	1	6
2	6	8	4	9	7	1	3	5
4	1	9	5	6	3	2	8	7
3	7	5	2	1	8	6	9	4

168

1	2	4	8	3	5	9	7	6
3	8	7	4	6	9	2	1	5
9	6	5	1	7	2	4	8	3
4	3	6	9	1	7	5	2	8
8	5	9	6	2	3	1	4	7
2	7	1	5	8	4	3	6	9
7	4	2	3	5	6	8	9	1
5	9	8	7	4	1	6	3	2
6	1	3	2	9	8	7	5	4

169

5	3	8	2	1	9	4	6	7
2	1	6	4	8	7	9	5	3
7	9	4	6	5	3	8	2	1
4	7	1	3	9	5	6	8	2
9	2	3	8	6	4	1	7	5
8	6	5	1	7	2	3	4	9
3	8	7	9	2	6	5	1	4
1	4	2	5	3	8	7	9	6
6	5	9	7	4	1	2	3	8

170

1	8	9	2	6	3	7	5	4
7	3	4	5	9	1	2	8	6
6	2	5	8	7	4	9	3	1
5	9	7	3	1	6	8	4	2
8	6	1	4	2	7	5	9	3
3	4	2	9	5	8	6	1	7
9	7	6	1	4	5	3	2	8
4	5	8	7	3	2	1	6	9
2	1	3	6	8	9	4	7	5

171

9	3	6	7	1	5	8	2	4
4	5	7	8	2	6	1	3	9
8	2	1	3	9	4	6	7	5
5	4	2	6	8	1	3	9	7
7	1	8	9	4	3	2	5	6
3	6	9	5	7	2	4	1	8
2	8	5	4	3	9	7	6	1
6	7	3	1	5	8	9	4	2
1	9	4	2	6	7	5	8	3

SOLUTIONS

172

2	4	6	3	1	7	5	8	9
7	3	1	9	5	8	2	4	6
5	8	9	6	4	2	1	3	7
4	7	8	5	3	6	9	1	2
6	1	2	7	8	9	3	5	4
9	5	3	1	2	4	6	7	8
8	6	5	2	7	3	4	9	1
3	2	7	4	9	1	8	6	5
1	9	4	8	6	5	7	2	3

173

9	7	5	4	2	6	1	3	8
1	8	6	3	9	7	4	5	2
3	2	4	1	8	5	9	7	6
2	5	7	6	4	1	8	9	3
8	3	1	5	7	9	6	2	4
6	4	9	2	3	8	5	1	7
5	9	2	7	6	4	3	8	1
4	1	3	8	5	2	7	6	9
7	6	8	9	1	3	2	4	5

174

7	1	3	6	8	9	5	4	2
6	5	8	1	2	4	7	3	9
9	4	2	7	5	3	8	1	6
4	3	6	8	9	5	1	2	7
1	8	5	3	7	2	6	9	4
2	9	7	4	1	6	3	5	8
3	7	1	2	4	8	9	6	5
5	6	4	9	3	7	2	8	1
8	2	9	5	6	1	4	7	3

175

2	3	9	4	8	1	6	5	7
7	1	8	5	6	9	4	2	3
6	4	5	3	2	7	9	1	8
5	6	7	1	3	8	2	4	9
3	9	2	6	4	5	7	8	1
4	8	1	9	7	2	5	3	6
1	7	6	8	5	4	3	9	2
9	2	4	7	1	3	8	6	5
8	5	3	2	9	6	1	7	4

176

5	2	3	7	6	1	8	4	9
9	4	1	5	8	2	3	6	7
8	7	6	4	3	9	2	1	5
3	5	8	2	7	4	1	9	6
7	1	9	3	5	6	4	2	8
4	6	2	9	1	8	7	5	3
6	8	5	1	4	7	9	3	2
1	9	7	6	2	3	5	8	4
2	3	4	8	9	5	6	7	1

177

3	6	1	2	5	9	8	4	7
2	4	7	1	8	6	5	9	3
9	8	5	3	7	4	6	1	2
7	1	2	6	9	8	4	3	5
8	3	6	5	4	2	9	7	1
4	5	9	7	1	3	2	8	6
1	7	8	9	6	5	3	2	4
6	9	3	4	2	7	1	5	8
5	2	4	8	3	1	7	6	9

SOLUTIONS

9	2	1	5	6	8	3	4	7
3	8	7	2	1	4	9	6	5
6	4	5	3	7	9	8	1	2
4	1	2	8	3	7	5	9	6
8	6	3	9	5	1	2	7	4
5	7	9	4	2	6	1	3	8
1	5	8	6	4	3	7	2	9
2	3	6	7	9	5	4	8	1
7	9	4	1	8	2	6	5	3

1	8	7	9	4	3	2	5	6
4	2	3	5	7	6	1	8	9
9	5	6	1	2	8	3	4	7
2	1	8	3	9	4	6	7	5
6	4	5	2	8	7	9	3	1
7	3	9	6	5	1	4	2	8
8	7	1	4	3	9	5	6	2
5	9	4	7	6	2	8	1	3
3	6	2	8	1	5	7	9	4

8	4	5	1	2	6	7	9	3
7	9	6	5	3	8	2	1	4
2	3	1	7	4	9	8	5	6
4	6	9	2	1	3	5	7	8
1	2	7	8	5	4	3	6	9
3	5	8	9	6	7	4	2	1
9	7	4	6	8	5	1	3	2
6	8	2	3	7	1	9	4	5
5	1	3	4	9	2	6	8	7

181

4	2	9	7	3	5	6	1	8
1	7	6	8	4	9	5	3	2
5	8	3	6	2	1	7	4	9
2	5	7	9	1	4	8	6	3
3	6	4	2	8	7	1	9	5
8	9	1	5	6	3	2	7	4
6	4	2	3	7	8	9	5	1
9	3	8	1	5	6	4	2	7
7	1	5	4	9	2	3	8	6

182

7	4	2	6	5	3	8	9	1
1	6	5	8	9	2	4	7	3
8	3	9	7	1	4	6	2	5
3	9	1	4	2	8	7	5	6
6	5	7	9	3	1	2	4	8
4	2	8	5	7	6	3	1	9
2	8	6	1	4	5	9	3	7
9	1	4	3	8	7	5	6	2
5	7	3	2	6	9	1	8	4

183

2	7	3	5	8	1	4	6	9
6	9	5	4	7	3	2	8	1
1	4	8	2	6	9	3	7	5
4	5	6	8	3	2	1	9	7
3	8	1	9	5	7	6	2	4
7	2	9	6	1	4	5	3	8
8	6	2	1	9	5	7	4	3
5	3	4	7	2	8	9	1	6
9	1	7	3	4	6	8	5	2

SOLUTIONS

184

4	9	7	8	5	3	6	1	2
8	6	3	9	2	1	5	7	4
5	2	1	6	7	4	8	9	3
6	8	2	4	9	5	1	3	7
7	5	4	3	1	6	2	8	9
1	3	9	7	8	2	4	6	5
2	7	6	1	4	9	3	5	8
3	4	8	5	6	7	9	2	1
9	1	5	2	3	8	7	4	6

185

2	3	8	1	7	9	4	5	6
6	5	7	2	4	3	9	1	8
9	4	1	6	8	5	2	7	3
7	6	3	5	2	4	1	8	9
1	8	2	7	9	6	5	3	4
5	9	4	3	1	8	6	2	7
4	2	5	8	6	7	3	9	1
8	1	6	9	3	2	7	4	5
3	7	9	4	5	1	8	6	2

186

8	3	7	2	5	9	6	1	4
6	2	9	8	4	1	7	3	5
5	4	1	7	6	3	9	8	2
7	6	3	1	2	5	4	9	8
4	5	2	6	9	8	3	7	1
9	1	8	4	3	7	2	5	6
3	9	4	5	1	2	8	6	7
2	8	5	3	7	6	1	4	9
1	7	6	9	8	4	5	2	3

187

2	7	6	8	4	3	5	9	1
1	8	4	9	2	5	6	7	3
9	5	3	1	6	7	8	4	2
3	4	7	5	1	9	2	6	8
8	2	5	3	7	6	4	1	9
6	1	9	4	8	2	3	5	7
5	9	1	6	3	8	7	2	4
7	6	8	2	9	4	1	3	5
4	3	2	7	5	1	9	8	6

188

5	1	7	6	2	4	8	9	3
9	3	6	8	1	5	2	7	4
8	4	2	3	7	9	6	5	1
3	2	9	1	5	6	4	8	7
1	5	8	2	4	7	3	6	9
7	6	4	9	3	8	5	1	2
6	7	5	4	9	2	1	3	8
2	8	3	7	6	1	9	4	5
4	9	1	5	8	3	7	2	6

189

9	2	8	7	3	1	5	4	6
1	7	4	6	5	2	9	8	3
6	5	3	9	8	4	2	1	7
4	1	2	3	6	5	8	7	9
7	9	5	4	2	8	3	6	1
3	8	6	1	7	9	4	5	2
8	3	7	2	4	6	1	9	5
5	6	9	8	1	3	7	2	4
2	4	1	5	9	7	6	3	8

SOLUTIONS

190

7	3	5	1	4	8	2	6	9
2	4	6	9	3	5	7	8	1
1	8	9	6	7	2	4	5	3
8	7	2	3	1	9	6	4	5
3	5	1	2	6	4	9	7	8
9	6	4	5	8	7	1	3	2
6	9	8	7	5	1	3	2	4
4	2	3	8	9	6	5	1	7
5	1	7	4	2	3	8	9	6

191

8	7	5	2	4	6	9	1	3
4	2	9	3	1	8	5	7	6
3	6	1	5	7	9	4	8	2
5	1	7	9	6	4	2	3	8
9	3	8	1	2	7	6	5	4
6	4	2	8	3	5	1	9	7
1	9	6	4	8	3	7	2	5
2	8	4	7	5	1	3	6	9
7	5	3	6	9	2	8	4	1

192

5	3	1	9	8	2	4	7	6
6	8	4	1	3	7	5	2	9
7	9	2	4	5	6	3	8	1
4	1	8	7	6	3	9	5	2
3	7	5	2	9	1	6	4	8
9	2	6	8	4	5	7	1	3
8	4	7	3	2	9	1	6	5
2	6	9	5	1	4	8	3	7
1	5	3	6	7	8	2	9	4

193

4	1	2	7	6	5	9	3	8
7	8	9	1	3	2	5	4	6
6	3	5	4	9	8	7	2	1
5	7	4	2	1	6	3	8	9
9	2	3	8	5	7	1	6	4
1	6	8	3	4	9	2	5	7
8	9	6	5	7	3	4	1	2
2	5	1	9	8	4	6	7	3
3	4	7	6	2	1	8	9	5

194

4	2	7	5	9	1	8	6	3
8	9	3	4	7	6	1	2	5
1	5	6	2	8	3	7	9	4
2	6	5	3	1	9	4	7	8
9	8	4	7	5	2	3	1	6
3	7	1	6	4	8	9	5	2
6	1	2	8	3	7	5	4	9
5	3	9	1	2	4	6	8	7
7	4	8	9	6	5	2	3	1

195

3	7	4	6	9	1	5	8	2
1	2	8	5	7	4	9	3	6
6	5	9	2	3	8	7	1	4
9	8	6	4	5	2	3	7	1
5	4	2	7	1	3	6	9	8
7	3	1	8	6	9	2	4	5
2	1	3	9	4	6	8	5	7
4	6	7	3	8	5	1	2	9
8	9	5	1	2	7	4	6	3

SOLUTIONS

196

8	5	3	2	4	6	1	9	7
7	9	4	1	8	5	2	6	3
6	2	1	3	7	9	5	4	8
9	1	8	4	6	7	3	2	5
2	4	5	9	3	8	6	7	1
3	6	7	5	2	1	4	8	9
4	7	9	6	5	3	8	1	2
1	3	2	8	9	4	7	5	6
5	8	6	7	1	2	9	3	4

197

5	2	8	9	1	4	6	7	3
6	7	4	3	5	8	9	1	2
3	9	1	6	7	2	8	5	4
8	4	6	1	3	5	2	9	7
7	5	3	8	2	9	4	6	1
2	1	9	7	4	6	5	3	8
9	3	2	4	6	7	1	8	5
4	6	7	5	8	1	3	2	9
1	8	5	2	9	3	7	4	6

198

8	3	4	6	5	2	9	1	7
9	7	1	8	3	4	5	6	2
2	6	5	7	9	1	3	4	8
7	4	6	2	1	9	8	3	5
5	2	9	3	8	6	1	7	4
3	1	8	5	4	7	2	9	6
4	9	2	1	6	5	7	8	3
6	5	3	9	7	8	4	2	1
1	8	7	4	2	3	6	5	9

199

8	7	4	3	1	2	6	5	9
2	3	6	9	5	7	1	8	4
1	5	9	6	8	4	7	2	3
6	8	3	2	4	1	9	7	5
5	4	1	7	9	3	2	6	8
7	9	2	8	6	5	3	4	1
9	6	5	1	2	8	4	3	7
4	2	7	5	3	9	8	1	6
3	1	8	4	7	6	5	9	2

200

2	8	3	5	4	9	7	6	1
9	6	7	3	2	1	5	4	8
4	5	1	6	7	8	3	2	9
1	2	9	7	8	5	4	3	6
6	4	8	9	3	2	1	7	5
3	7	5	1	6	4	9	8	2
8	1	4	2	9	7	6	5	3
5	3	2	4	1	6	8	9	7
7	9	6	8	5	3	2	1	4

201

1	2	7	8	9	6	3	4	5
6	4	5	7	2	3	9	8	1
3	9	8	5	1	4	6	2	7
9	8	1	6	4	2	5	7	3
7	3	2	1	8	5	4	6	9
4	5	6	9	3	7	2	1	8
2	7	9	4	5	1	8	3	6
8	1	4	3	6	9	7	5	2
5	6	3	2	7	8	1	9	4

SOLUTIONS

5	4	8	1	2	3	9	7	6
9	3	1	4	6	7	8	2	5
6	7	2	8	5	9	1	3	4
3	2	5	9	4	8	7	6	1
1	8	4	3	7	6	5	9	2
7	6	9	5	1	2	3	4	8
2	1	6	7	3	5	4	8	9
4	9	3	2	8	1	6	5	7
8	5	7	6	9	4	2	1	3

1	7	2	5	8	3	4	6	9
3	5	9	4	6	1	8	2	7
6	8	4	9	2	7	5	1	3
2	1	5	7	3	6	9	8	4
7	4	3	8	1	9	2	5	6
9	6	8	2	5	4	3	7	1
8	3	6	1	9	2	7	4	5
4	2	1	3	7	5	6	9	8
5	9	7	6	4	8	1	3	2

7	4	6	2	3	9	1	5	8
1	9	3	7	5	8	2	6	4
8	2	5	6	4	1	7	3	9
3	8	1	5	2	6	4	9	7
2	5	4	9	7	3	8	1	6
9	6	7	1	8	4	5	2	3
5	7	8	3	9	2	6	4	1
6	3	2	4	1	7	9	8	5
4	1	9	8	6	5	3	7	2

6	4	3	2	8	1	7	9	5
8	5	7	4	3	9	2	6	1
9	1	2	5	7	6	3	8	4
5	8	9	3	4	7	6	1	2
2	3	1	6	5	8	4	7	9
7	6	4	9	1	2	8	5	3
3	9	6	7	2	5	1	4	8
4	7	8	1	9	3	5	2	6
1	2	5	8	6	4	9	3	7

5	6	7	4	8	1	3	9	2
2	8	9	6	3	5	1	4	7
4	1	3	2	9	7	8	5	6
8	5	1	9	6	2	4	7	3
3	9	6	7	1	4	2	8	5
7	4	2	3	5	8	6	1	9
9	2	5	1	4	3	7	6	8
6	7	4	8	2	9	5	3	1
1	3	8	5	7	6	9	2	4

6	3	1	8	5	2	4	7	9
7	8	9	6	4	1	2	3	5
4	5	2	7	9	3	6	1	8
2	9	5	1	3	4	8	6	7
1	7	4	9	6	8	3	5	2
8	6	3	5	2	7	9	4	1
9	2	6	4	7	5	1	8	3
5	4	8	3	1	9	7	2	6
3	1	7	2	8	6	5	9	4

SOLUTIONS

208

3	8	2	9	1	5	6	4	7
5	7	9	8	6	4	3	2	1
6	1	4	3	7	2	8	9	5
2	6	5	7	9	3	1	8	4
7	4	3	5	8	1	2	6	9
8	9	1	2	4	6	5	7	3
9	5	7	1	2	8	4	3	6
4	3	8	6	5	7	9	1	2
1	2	6	4	3	9	7	5	8

209

7	3	6	2	5	4	8	1	9
5	2	1	9	3	8	6	7	4
9	4	8	7	1	6	3	5	2
1	7	4	3	8	2	9	6	5
2	6	9	5	4	7	1	8	3
3	8	5	6	9	1	2	4	7
8	9	7	4	6	3	5	2	1
4	1	3	8	2	5	7	9	6
6	5	2	1	7	9	4	3	8

210

1	4	3	9	7	2	5	8	6
7	9	6	8	5	4	3	2	1
8	5	2	1	6	3	9	4	7
3	6	8	7	4	9	2	1	5
2	1	9	5	8	6	7	3	4
5	7	4	2	3	1	6	9	8
9	2	7	4	1	5	8	6	3
4	3	5	6	2	8	1	7	9
6	8	1	3	9	7	4	5	2